LE BONNET VERT

PAR J. MÉRY.

QUIS VINCERE FATUM !

TROISIÈME ÉDITION.

TOME PREMIER.

A. Boulland, Editeur.

LE

BONNET VERT.

AVERTISSEMENT

DE L'ÉDITEUR.

LES lecteurs habituels des causes criminelles se souviennent sans doute de cet infortuné jeune homme qui fut condamné aux travaux forcés à perpétuité pour avoir assassiné une jeune femme qu'il aimait éperduement. Quelques circonstances particulières concoururent à jeter sur l'assassin cet intérêt qu'on refuse ordinairement au crime : il avait vingt-cinq ans, une figure belle et douce, des goûts d'artiste et de poète, beaucoup d'exaltation de tête, de vivacité de cœur, de chaleur d'ame, avec un penchant prononcé pour la vie de repos et d'isolement, ce qu'il est facile d'expliquer. Il était né riche; il avait passé ses premières années de jeunesse en Italie, peignant le paysage et nouant des intrigues amoureuses plutôt par imitation que par goût. Las de courir, il se retira dans sa terre de Bourgogne avec le projet d'échapper aux passions qui le tourmentaient, par quelque mariage de convenance, et la douce monotonie des habitudes de campagne. Il se fit un atelier et une bibliothèque, et s'abstint de toutes relations de voisinage; sa mère, un vieux domestique et quelques fermiers, étaient ses seuls compagnons. Il semblait qu'un secret pressentiment lui révélait un horrible avenir, auquel il s'efforçait d'échapper en donnant le change à ses passions par des travaux d'artiste, et en s'isolant d'une société qu'il redoutait vaguement.

Comme il s'affermissait dans ses résolutions de prudence, il s'éprit d'une vive passion pour une jeune orpheline qui habitait une maison voisine de la sienne. Sa passion ne fut point partagée. On répondit à un amour désordonné par une coquetterie d'enfant; la jalousie arriva, terrible comme dans toutes les ames orageuses ; au retour de la chasse l'infortuné jeune homme surprit celle qu'il aimait assise sous un arbre auprès d'un rival ; sa raison s'égara, il fit feu... Camille C***., c'était le nom de la demoiselle, tomba baignée dans son sang. L'assassin fut arrêté à l'instant même par des paysans et conduit dans la prison du village voisin.

Camille survécut à sa blessure, et, par une de ces bizarreries inexplicables de jeune femme, elle devint amoureuse de son assassin. Il était trop tard.

Le condamné fut envoyé au bagne de Toulon.

L'éditeur de ce livre a connu le malheureux Gustave, il l'a souvent visité sur le bagne flottant, il a reçu ses épanchemens et ses confidences, il a pleuré avec lui. Jamais assassin n'inspira plus d'intérêt et moins d'horreur. Dans les premiers mois de sa dure captivité il avait appelé la philosophie à son secours, puis la résignation apathique, puis les idées religieuses, avec cette mobilité de caractère commune aux imaginations vives; enfin ne trouvant de consolatiou nulle part, il s'était arrêté au suicide, remède unique dans le malheur consommé. Un seul lien l'attachait encore à la vie; sa vieille mère : elle morte il s'était imposé la loi de mourir.

Le lecteur doit être peu soucieux de savoir si les pages suivantes ont été d'un bout à l'autre écrites par ce malheureux, où si elles ne sont que l'écho de ses pensées recueillies et publiées par un ami ou un confident. On peut affirmer seulement que le caractère de Gustave y revit tout entier, avec ses continuelles oscillations, ses incertitudes, ses passions d'artiste, ses retours aux idées pieuses, ses consolations d'enfant, son horreur de la mort, sa haine pour la société.

Cette analyse des sensations intimes d'un malheureux rappelle naturellement l'œuvre de génie, l'étonnante création de M. Victor Hugo, *le Dernier jour d'un condamné*. Le livre de ce grand poète a sans doute fait naître l'idée de celui-ci; c'est évident : l'auteur en convient de bonne grâce, en assumant la défaveur justement attachée à tout ouvrage d'imitation.

La partie descriptive tient quelque place dans ce livre, elle est assez exacte, elle a été écrite sur les lieux. Notre Provence est une galerie de paysages où le copiste n'a que l'embarras du choix; les poètes et les romanciers y afflueront un jour. Déjà M. Rey-Dusseuil a vengé d'un long oubli cette belle partie de la France dans ses Chroniques marseillaises, si frappantes de vie et de vérité.

En somme l'auteur du *Bonnet vert* a plutôt brigué l'honneur de faire une bonne œuvre qu'un bon livre; si le sort de quelques malheureux lui doit une amélioration, il sera payé de son travail; c'est aux philantrophes qu'il s'adresse, et le moment ne peut être mieux choisi pour attirer sur des infortunes, mêmes méritées, la sollicitude d'un gouvernement réparateur.

L'Arrivée.

Voilà Udolphe!
RADCLIFF.

C'EST le vingtième jour du voyage: cinq heures sonnaient au clocher de la petite ville d'Ollioules quand l'ordre de marche nous est arrivé; je marchais le premier en tête de notre hideuse caravane; un beau soleil d'avril se levait derrière un amas de montagnes grises et décharnées: parvenu au sommet d'une côte douce, j'ai été soudainement arraché à mes poignantes sensations par un spectacle qui doit être bien doux aux yeux de l'homme libre !

Une plaine immense, toute verte de pins et d'oliviers, clairsemée de blanches maisons, se déroulait jusqu'à la mer : la mer ! elle était bleue et calme, calme comme le ravissant tableau qui me riait de toutes parts : nul souffle dans l'air ; une lumière transparente ; une harmonie de chants aériens, mariée au tintement vaporeux des cloches, aux aboiements des chiens de ferme, aux roulements confus d'un tambour lointain. Il y avait en face de moi un brouillard léger qui découvrait, en s'élevant, des lignes blanches de fortifications sur le flanc des rochers : de ce côté, la mer était resserrée comme un bassin par des collines circulaires ; je montrai ce point de vue, avec un mouvement de tête interrogatif, au gendarme qui chevauchait derrière moi. Ça? me dit-il avec un sourire fade, c'est Toulon.

Toulon ! ma vie future était dans ce mot : quoi déjà arrivé ! déjà au terme ! j'étais presque heureux en route : ma santé, délabrée par tant de tracasseries judiciaires, se rétablissait dans ce voyage de printemps; à mesure que je m'éloignais de D***, l'horreur de mon histoire s'effaçait dans mon souvenir ; une chaîne de moins, et j'étais un voyageur amoureux de paysage et de soleil, un de ces philosophes piétons, comme on en rencontre en traversant la Provence, ou le comtat Vénaissin ; j'avais encore ma vie de vingt ans, libre, riche, aventureuse, telle que j'en usai en Italie avec mes amours et mes pinceaux. Le mot du gendarme avait couvert d'un crêpe ces ravissantes créations.

Oh! pourquoi pas à Brest ou à Rochefort! là, les bagnes sont en harmonie avec le ciel grisâtre du nord, avec les pâles falaises, avec le brumeux Océan! mais traîner la vie ferrée du galérien ici, parmi les orangers en fleurs, à l'ombre des collines parfumées de pins, sous un soleil si gai! c'est une horrible dérision de la justice ; c'est extraire du Code un luxe de peine qui ne s'y trouve pas!

Je me souviens d'avoir vu, à l'extrémité de la galerie du Louvre, un tableau de Salvator Rosa représentant un choc de cavalerie. Jamais la rage de la destruction n'a été peinte plus en relief que dans ce tableau ; de tous ces terribles cavaliers qui se chargent à coups de sabre, pas un ne doit survivre. Aussi quelle haute pensée domine cette composition ! Salvator Rosa n'a pas semé des fleurs sous les pieds de ces hommes de sang ; un riant soleil ne luit pas sur leurs têtes ; là rien de ce qui pourrait les réconcilier avec la vie ; c'est une mer houleuse, un ciel plat et orageux, une plaine désolée, un portique en ruine, un horizon montagneux, âpre, déchiré, sans ombre de végétation ; et le spectateur qui les regarde se battre se dit : Ils ſont bien d'échapper par la guerre à l'ennui ; voilà les jeux qui conviennent à ces hommes et à ce ciel ; les plus heureux sont ceux qui tombent ; car que faire de la vie au milieu de cette nature en deuil ?

Je conseille à ceux qui font des lois et nous condamnent à la vie de méditer ce tableau de Salvator Rosa ; c'est le premier à droite que rencontre le roi, quand il sort de son palais par la porte du fond.

Au reste, ceci n'est que pure affaire d'imagination ; je suis le seul de la bande, sans doute, à regretter Brest ou Rochefort ; et mon camarade là, qui marche avec mon pied, chante de plaisir devant les oliviers et la mer. Le misérable !

Ce climat est conservateur : j'ai vu près d'Ollioules des ruines parfaitement belles ; c'est la teinte du Colisée romain. L'homme y vit longuement aussi ; dans le bagne il doit y avoir des galériens à cheveux blancs : hommes sans imagination, sans poésie de tête ou de cœur, qui ont eu, dans leur jeunesse, tout juste assez d'énergie pour commettre un crime, et qui, après, se sont résignés à vieillir avec des féves et des coups de bâton ; comme s'il leur eût été plus difficile de sauter, les bras croisés, dans les flots, un jour de tempête et d'hiver.

J'ai vu bien des dames sur les Terrasses Italiennes et dans les Kiosques qui bordent le chemin routier de Toulon ; cette vue m'a fait mal : j'ai senti les veines de ma gorge se gonfler comme le jour où j'entendis ces mots..

Gustave Dev***, homicide... sans préméditation... oui... travaux forcés à perpétuité.

Est-ce que j'aurais des remords? des remords! pas même des regrets: que la chose soit à faire encore et je la fais; mais cette fois je ne subirai ni jury questionneur, ni avocat général verbeux, ni témoins de village, ni bourreau, ni carcan; je serai tout cela contre moi-même... ce n'est que différé.

Il était huit heures quand nous sommes arrivés sous les murs de Toulon: pendant les cinq minutes de halte, je me suis mis à considérer avec attention les portes et les fossés. Cela peut m'être utile un jour. En entrant dans la ville j'ai pris un point de reconnaissance, c'est une fontaine à conque, surmontée d'un groupe d'enfants.

Le Bagne flottant.

Un enfer, avec une lueur d'espoir.
(*Ortis.*)

S'il est un jour que je voudrais rayer dans mes souvenirs, c'est celui où j'ai revêtu la livrée du *bonnet vert*. Heureusement j'ai perdu mon nom ce jour-là ; je suis maintenant le n° 7 : c'est bien fait de matérialiser ainsi un forçat ; on pourrait avoir quelque pitié pour un homme portant nom de saint ou de maison ; mais on n'est tenu à rien envers une chose ; on peut sans scrupule torturer un n° 7.

Un forçat comme moi est ici un être d'exception ; je porte la livrée du bagne, camisole rouge, pantalon grossier de toile, et bonnet vert ; mais, aux simulacres d'égards dont je suis entouré, on voit que mon histoire m'a précédé et que je suis regardé comme un honnête criminel de bonne maison ; et voilà ce qui me tue ! Je suis tenté de présenter un placet à l'intendant, pour obtenir la faveur de me mêler à la foule ignoble qui bâtit, rame et scie dans l'arsenal : la dureté du travail tue la réflexion. A quoi penserais-je, si j'étais là-bas mêlé à ces rouges travailleurs qui élèvent un cylindre de fer et le laissent tomber sur des pilotis : je ferais sans doute des raisonnements sur le mécanisme ingénieux de cette machine ; je me piquerais d'émulation peut-être, afin que l'argousin dit de moi : Bravo, le n° 7 ! il est plus fort que le blondin !

Tandis qu'ici l'isolement m'expose comme une bête fauve aux avides regards des curieux qui ont suivi mon affaire dans la Gazette, et m'ont pris pour but de leur promenade après déjeûner. Il est vrai qu'il n'y a jamais dans leurs yeux l'expression de l'horreur ; c'est toujours une compassion tendre, chez les femmes surtout ; un jeune homme assassin par excès d'amour et de jalousie n'est qu'intéressant ; un jury de femmes et j'étais sauvé.

Admirez comme la société est faite! Je vois un galérien, mon égal d'âge et de crime, qui scie une pierre énorme sur le chantier et qui se fond en sueur : il lui a manqué des protections pour être ici avec moi, le coude appuyé sur la fenêtre d'une cabine, et noircissant du papier par désœuvrement. Il faut être protégé aux galères. J'ai pour voisin le maire de C...., qui a le bonheur aussi d'être protégé. C'est un homme de cinquante ans, fort vert encore, et d'une physionomie noble et honnête : il a sa chambre comme chez lui, un lit de sangles, une petite cuisine portative, et un atelier de tourneur. Quand il est las de tourner et de polir, il forme des recours en grâce et fait des pétitions au garde des sceaux ; ma foi, c'est une vie comme une autre. Jamais le moindre signe d'impatience ou de remords ne contracte sa calme et fraîche figure : on l'a condamné à mort, puis à vie par commutation pour avoir brûlé les pieds de sa femme, mais lui ne le croit pas, et rien dans ses formes si décentes ne décèle l'assassin. Avec son organisation froide et compassée, il soigne sa vie en épicurien, pour la faire durer longtemps.

J'ai un autre voisin. C'est un horloger sans doute, et passionné pour son état. Il s'est établi sur le pont du bagne flottant, comme il aurait pu le faire sur le boulevart de Bondy, avec ses pinces, ses lentilles convexes, et sa triple rangée de montres fixées à des clous. Il n'est pas de penseur allemand plus courbé dans ses méditations que mon pauvre horloger ; pour lui, les heures passent sans qu'il s'en doute ; son appétit sonne son dîner. Repu, il accroche le microscope à ses dents et continue sa journée : je pense qu'on l'étonnerait fort en lui apprenant qu'il est forçat au bagne de Toulon.

Ce sont les deux seuls compagnons avec lesquels je puisse me mettre en rapport. Mais l'un est muet dans son atelier d'horlogerie, et l'autre a fini par me dégoûter de ses entretiens, à force de me prouver son innocence et de me lire ses pétitions. Je veux imiter l'horloger ; celui-là a compris la vie de galérien, un travail opiniâtre et muet, coupé de repas et de sommeil. — Oui, imite l'horloger, toi qui vivais d'indolence, de chasse, de promenades et de bal : ta nouvelle vie, va la chercher sous la quille du bagne, il y a trente pieds d'eau salée, et le fonds est vaseux comme un étang. — C'est bien !

Il est de ces petites circonstances qu'on grave dans la mémoire, comme si un vague pressentiment nous disait qu'elles nous seraient utiles un jour. C'était dans mon âge d'or ; je sortais de Véfour, et jallais monter en cabriolet, aux Pavillons, pour me rendre à l'Opéra ; la soirée était piquante, et la pluie tombait en aiguilles glacées : Un misérable, vêtu de lambeaux noirs, pâle de faim et de froid, m'appelle par mon nom et me demande dix sols pour manger. Dans sa reconnaissance, il se précipita à genoux sur le pavé humide, je l'entendis qui disait: « Si la Seine n'eût pas été si froide, je m'y serais jeté ce soir.

Il avait raison! le suicide par eau n'est bon qu'en été: par une nuit d'hiver on serait tenté de ressaisir l'existence aux premières étreintes d'une onde glacée, et ce pas rétrograde est une lâcheté. Mais aujourd'hui, par exemple, au tomber du soleil, dans cette mer tiède! c'est comme un bain délicieux après uu brûlant midi; chaque degré de l'agonie rafraîchit le sang, et le râle de mort est une pâmoison de volupté!

N'attendons pas l'hiver!

Consolation d'Artiste.

Il n'est rien de plus beau ni de plus grand
au monde !

VICTOR HUGO. (*Les Orientales.*)

UN poète étranger a dit : Quand, après bien des soupirs, on a vaincu la pudeur d'une amante adorée, on s'étonne que la récompense de tant de sacrifices soit de si peu de valeur.

J'ajouterai qu'il en est des grands malheurs en perspective, comme des extrêmes plaisirs; au moment de la jouissance ou de la douleur on se dit dans un *à part* philosophique: Comment! ce n'est que cela!!!

De loin, je me représentai le bagne comme un vaste enclos à murailles hautes et noires; par intervalles des bassins d'eau stagnante et bourbeuse; une espèce de Tartare sous le soleil; de coups de fouet, des roues à tourner, des rocs à déplacer; point de repos, ni de sommeil: au repas des féves bouillies et de l'eau. Il y a bien un peu de tout cela, mais que de récréations pour l'ame et les yeux! Si je parvenais à secouer cette idée de femme et de liberté qui s'incruste dans mon cerveau, je pourrais passer ici des jours d'extase dans une perpétuelle contemplation; car il n'est pas en autre lieu du monde spectacle plus merveilleux, tableau plus ravissant des œuvres de l'homme mêlées aux créations de Dieu.

Cet arsenal, ma prison, est une merveille qui change d'aspect à tout instant; mes yeux s'y replongent sans cesse avec une ardeur jamais assouvie de curiosité. Je ne puis me lasser de contempler ces vastes palais qui sont des magasins et des corderies, avec leurs arches colossales, leur galeries sans fin, leur architecture de diamant; et ces cales couvertes, ces dômes aériens qui protégent les vaisseaux au chantier; et ces bassins à larges écluses, ces forges, ces ateliers, ces fonderies, ces canaux, ces salles d'armes, ces parcs d'artillerie, toute cette immense surface d'eau, de bois, de dalles, de fer, où s'agitent six mille travailleurs rouges qui élèvent des merveilles à leur insu, comme les Juifs esclaves bâtissaient les pyramides ou l'amphithéâtre de Titus. Autre face du tableau. C'est le port, c'est la rade avec ses vaisseaux de ligne à l'ancre, avec ses canots sveltes et légers qui volent à douze rames; c'est l'amiral qui rentre, voiles ferlées, et battant pavillon à misène; c'est le spectacle changeant de cette mer qui commence à mes pieds et que je vois fuir à l'horizon entre la *Grosse-Tour* et le tombeau de Latouche-Tréville; mer qui emprunte ses couleurs au ciel et aux nuages; tantôt verte, calme et transparente; tantôt bleue, ayant a chaque flot des paillettes de soleil; puis tourmentée dans le lointain par le vent du nord, roulant des vagues blanches et silencieuses sur un fond sombre, comme une immense rivière qui charrie des glaçons: pour cadre à tout cela, vingt collines, vingt Pausilippes, qui descendent à la mer, toutes étagées de sicomores et de pins. Saint-Mandrier qui jette sur le rivage sa blanche rotonde à colonnades, comme un temple de Sunium ; les ruines jaunâtres du Petit-Gibraltar, où Bonaparte se révéla dans une nuit de tempête et d'assaut ; le fort Faron incrusté comme un nid d'aigle sur le flanc d'une montagne ; au bas, la ville, avec sa ceinture de remparts à facettes et de peupliers italiens ; puis les vignobles en amphitéâtre, comme à la Côte-d'Or, enfin le fort Lamalgue, étoilé par Vauban, avec ses angles opposés aux angles, braqué sur la ville, et, selon la chance du siége, prêt à la défendre ou à l'écraser. Cette contemplation fatigue les yeux ; il y a là trop de choses pour un faible regard d'homme ; trop de sensations et d'idées pour le cœur. Ce n'est pas Naples, ce n'est pas Constantinople, c'est une ville de France sous le ciel du Bosphore ou de Pœstum ; c'est un peuple libre qui assiste à cette fête, sans fièvre jaune, sans pacha, sans Ferdinand. Et il y a pour l'homme heureux qui se baigne sur ce sable tiède, qui respire dans ces *villa* et sous ces bois de pins, il y a ce raffinement de jouissance qu'on recherche sans l'avouer, cette pensée qui sourit douce et presque criminelle, que Lucrèce a traduite le premier en langage humain.... Aussi pourquoi tant de bonheur d'existence aux portes d'un enfer de galérien.

Suave.........
È terrâ..... alterius spectare laborem!

Malédiction! ce vers de Lucrèce, il faut moi que je me l'applique a rebours! Qu'il est cruel de contempler des galères la suave oisiveté des hommes heureux! Oh! bien cruel, surtout le dimanche, quand une brise chargée d'un parfum connu, un air d'église dans le lointain, un son vague de cloche, un chant d'oiseau réveille en moi subitement d'inexplicables sensations de souvenir..... Douce vie de château, à deux heures, sous les marronniers de l'avenue, quand les épis frissonnants s'arrondissaient en vagues jaunes, sous les derniers souffles d'été, et qu'il m'arrivait, à travers le bruissement des feuilles, un accord velouté de voix et de piano, un rire éclatant de jeune femme, un doux refrain de romance, chanté dans le salon, le frais salon dont les persiennes volantes laissent entrevoir un vaporeux nuage de robes, de frais visages, de blonds cheveux...... Oh ! je veux sortir de ce bagne ; je suis jeune, riche et fort.... Que demande ce hideux brigand ? c'est le garde-chiourme qui vient sonder mes fers : quel réveil !!!

Folies.

Oh! oui, belle position que la mienne pour me donner du calme et du plaisir avec des points de vue; pour étouffer la voix du dedans, par la contemplation des objets extérieurs! Et en supposant même que je puisse avec tous ces hochets faire diversion à ma vie, ce ne serait que pour un temps limité, pour cinq, dix ans, si l'on veut; mais après, quand tous ces tableaux se seront identifiés avec moi-même, à force d'habitude et de familiarité, quand je serai blasé sur cette nature qui ne m'appartient pas, et qu'il ne restera plus autour de moi que ce cliquetis d'anneaux, cette odeur grasse de chaudière, ce plancher de goudron, ces vieux porte-haubans d'un ponton qui fut vaisseau, alors il faudra bien un dénoûment à mon histoire, un final à ce monologue de forçat désœuvré. Eh bien! c'est à la première idée de destruction qu'il faudra revenir : oui, mais donner gain de cause aux hommes, mourir sans avoir été connu, faire dire aux gens de la ville: Il s'est noyé, bien! c'est un scélérat de moins... Voyez donc le malheur! quelle velléité de respect humain m'a traversé le cerveau! les hommes! c'est bien la peine de se soucier de leur jugement! Vaut-il mieux les voir venir en visiteurs curieux sur mon bagne, étalant devant moi leurs habits bleus, en affectant des airs de vertu et de liberté; comme ce gros monsieur qui vient de sortir en disant à sa femme d'une voix haute: « Ma bonne amie, onze heures sonnent à l'Arsenal; on nous attend à » déjeuner à la Croix-de-Malthe, hâtons-nous? »

Quelle pitié! il y a là-dessous une cruauté stupide, une fanfaronnade de bonheur qui est bien de l'homme, tel que sa bile et ses humeurs l'ont fait! Ces bonnes gens s'imaginent être irréprochables devant la loi, parce qu'ils ont la cheville libre. Oh! que je voudrais connaître la biographie secrète de tous ces honnêtes visiteurs, de ces jurés qui nous jugent, de ces conseillers qui nous semoncent? Que je voudrais voir clair dans leurs nuits, et déchirer les rideaux de leurs alcoves. Parmi tant d'hommes libres, combien ont mis en émission de fausses pièces de six francs, après les avoir reconnues fausses! que de testaments soustraits par fraude! que de maladies infusées dans les oncles riches et vivaces, de ces maladies qu'on nomme gastrites, inflammations d'entrailles, dissolutions, et qui pourtant déconcertent les médecins! C'est bien le cas d'appliquer au bagne ce qu'on a dit des hospices d'aliénés: Le bagne est un lieu où l'on renferme des scélérats, pour montrer que ceux du dehors sont d'honnêtes gens; et nous avons des savants à statistique, qui, fin décembre, publient des rapports avec additions et accolades, et nous donnent juste le nombre des criminels de l'année, à peu près comme les anciens astronomes qui comptaient mille et vingt-deux étoiles dans le ciel, ni plus ni moins. Les télescopes n'étaient pas connus : la voie lactée n'était alors qu'une bande blanche. Que de procureurs du roi dans ces astronomes ! que de voies lactées dans le domaine du crime !.... Plus j'y pense avec ma raison bonne et forte, plus je reconnais que je vaux mieux, je ne dis pas que mes collègues du bagne, c'est hors de comparaison, mais que tous ceux qui viennent m'y voir. Si le jour où j'ai commis ce qu'ils appellent mon crime, la pluie fût tombée après le lever du soleil, j'étais sauvé : Car les causes qui ont déterminé mon action ne se seraient pas reproduites une autre fois, avec tous les accessoires, si bien arrangés par la fortune quand elle veut faire un malheureux. Il fallait que je fusse là sous le petit bois, mon fusil chargé, contrarié par une nuit pluvieuse, et qu'au lieu de m'arrêter à la ferme pour jouer avec les petits enfants, selon mon usage, je sois descendu dans le vallon de la Source, où Camille était riante avec..... Ah, malédiction!

Oh! que ne suis-je né avec un tempérament lymphatique, sang épais et cerveau froid! comme tant de ces mortels qu'on appelle d'honnêtes gens et qui seraient bien embarrasés d'être le contraire. Au lieu de morceler mon patrimoine en libertines folies de voyages et d'amours, j'aurais pris la vie au sérieux; j'aurais fondé à Troyes en Champagne une bonne manufacture de bas, avec comptoir et commis. A trente ans j'aurais demandé en mariage cinquante mille francs de dot incarnés, qui seraient entrés dans mon commerce. Un jour d'hyménée bien calme, bien ordonnancé selon l'étiquette, avec épithalame, conseil de matrones, propos grivois, bons mots des gens d'esprit conviés. A dater de ce beau soir, j'aurais fait une publication périodique d'enfants, jusqu'à extinction de fécondité ; pour désastre dans ma vie, jours de vaccine, croup, rhumes d'hiver, retards du courrier de Lyon ; pour joies, première communion d'enfant, prix de thême, certificats honorables du professeur ; et puis une vieillesse verte et fraîche, avec du bon vin, du feu et du soleil ; et la douce mort après, suivie du tombeau de marbre, et de l'épitaphe en latin.

Mais il a fallu vivre avec un sang de feu !

Le Massacre.

> Les misérables! joue, feu!
> (*Extrait du procès verbal.*)

Horreur! jour de sang! ôtez de mes yeux cet abattoir d'hommes! que je n'entende plus les éclats de la fusillade mêlés aux cris rauques des démons!

Adieu, poétiques images de la veille! ciel italien! belle mer! un voile de sang couvre ces ravissantes créations. Enfin, il faut mourir! mourir ou s'échapper, ou ressaisir la vie de l'homme! Vivrais-je mille ans ici, toujours je verrais là-bas, de l'autre côté du port, au chantier de bois, ces misérables follement insurgés tomber sous les balles comme des chevreuils. C'est une nécessité, disent les hommes raisonnables : à la bonne heure; mais arrachons-nous d'un repaire où l'on voit de telles nécessités... Et demain? bien pis, demain! là, sur cette esplanade, on dressera l'échafaud du bagne; quatre têtes tomberont; et nous sommes tous conviés à cette fête! C'est le spectacle gratuit des galériens! c'est l'heureuse diversion à leurs travaux! aussi, tous sautent de joie en y songeant, y compris les quatre condamnés, dont l'horrible bonheur est un objet d'envie pour leurs compagnons !

Et, en ce moment, il y a des hommes heureux qui se promènent dans ces bois de pins ; il y a des bals d'été sur les terrasses de marbre ; des concerts de douce harmonie sur les canots en rade ; le soleil sourit en se couchant à tant de joyeuses scènes !... 24 juin ! jour sans nuit, car le crépuscule du soir ne s'éteint qu'à l'aurore. Quel contraste ! c'est le Frascati de Michalon, à côté des cadavres de Géricault ; c'est la pythonisse de Salvator Rosa, dans une teinte infernale, auprès d'une marine de Claude Lorrain, avec ses oscillantes gondoles, ses colonnades, ses escaliers de granit illuminés par le soleil couchant.

Pourquoi sur cette plage de désolation, dans cette soirée de sang, une frénésie d'amour m'embrasse-t-elle? qui m'expliquera ces mystérieux rapports? O! Camille! là-bas, sous les orangers, énivrés de parfums et d'harmonie, avec ta rose et fraîche figure, tes blonds cheveux, tout ton corps de femme si délicieux à voir, un instant seulement, et je reviens à mon banc de galérien, et je me tue avec la baïonnette du garde, et je meurs tout frissonnant encore de ta chair et de tes baisers!

L'Exécution.

C'ÉTAIT une fête d'espèce nouvelle ; tous les travaux ont été suspendus ; partout régnait la joie, car ici le repos est du bonheur ; une heure d'indolente distraction, au mois de juin, est un baume dans le poumon. Quel est le but de ce répit ? N'importe, on le savoure et on s'inquiète peu du reste. Je les ai tous vus aujourd'hui défilant par liasses, comme une armée d'enfer. Que de cheveux rouges et blonds! que de figures sèches et pâles! que d'yeux d'un bleu terne! c'est, dans tous les rangs, presque la même organisation : point de tempéraments lymphatiques; point de ces faces reposées, comme en ont, dans les villes, les gens de bien, c'est-à-dire, ceux qui ne commettent pas de crimes publics. Cela donne à penser!

Une exécution dans les villes attire toujours la foule; mais c'est la foule triste et sombre; une inexplicable et ardente curiosité la pousse autour d'un échafaud, comme devant une tragédie, où l'émotion est complète, parce que les acteurs y répandent le sang de leurs propres veines, et que dans la coulisse ils ne se relèvent plus vivants. Ici, au bagne, on force les spectateurs à être curieux ; on les convoque par chiourme ; on leur fait un devoir d'être attentifs. Toujours pour l'exemple ; c'est la pensée des moralistes : bien imaginé ! Voilà six mille hommes qui n'ont plus rien à perdre dans la vie ; il ne leur reste qu'une chance de faveur, la mort : jugez quelle sévère leçon doit être pour eux le supplice libérateur de leurs compagnons !

Aussi, voyez-les se ruer par groupes, avec des rires et des convulsions de gaieté cynique ; entendez ces cris d'argot, ces refrains, ces noms, ces appellations mêlées de fange et de luxure ; c'est à faire blanchir les cheveux ! Les misérables ont avili jusqu'à l'amitié ! On leur a dit : Vous êtes flétris à tout jamais, tant que l'épiderme sera collé à vos os ! et ils n'ont pas voulu donner démenti à la justice ; ils ont renchéri sur ses rigueurs, en flétrissant leurs âmes ; d'abord quelques scrupules, quelques souvenirs de religion ou de morale, les ont retenus ; puis l'entraînement de l'exemple, et les moqueries des anciens les ont précipités. A les voir surgir en bandes derrière leurs écluses et le long des canaux ; à leurs figures luisantes, à leurs regards de satyre, à leurs chants de crapuleuse orgie, on croirait voir le peuple de Gomorrhe ressusciter sur son lac maudit. C'est bien fait ; corrigez ces âmes tièdes, admirables législateurs ! Voilà l'échafaud : les quatre condamnés arrivent en riant, leur fortune est faite ; demain le bâton du garde-chiourme ne les réveillera pas. Ils prodiguent d'horribles adieux à leurs compagnons, qui leur répondent en termes dignes de tous. « Voyons donc, s'écrie l'un des quatre, qu'on me coupe la tête ! Le bourreau n'est pas là : c'est égal, je me la couperai, moi ; ça me fera plaisir. » Et le grave gendarme lui montre avec la pointe de son sabre le cadran de l'horloge. Il paraît que l'heure fixée n'a pas sonné ; les réglements avant tout ; cette ponctualité fait honneur à l'administration.

Six mille figures hideuses sont tournées vers la tour de l'horloge ; on entend ce cri des gardes-chiourmes dans les rangs : *A genoux !* Tous les galériens obéissent nonchalamment, et rient de leur étrange position ; l'heure sonne aux battements de mains des condamnés ; le cri sourd de l'impatience satisfaite domine la foule ; un bourreau de bagne monte sur son établi et travaille quatre ſois. Que la société dorme tranquille, et le bagne aussi, l'exemple est donné.

L'Hôpital

Eumenidum thalami.

Le sacrifice des misérables est consommé! tant d'horribles scènes ont brûlé mon sang ; je suis à l'hôpital, au neuvième jour d'une maladie inflammatoire ; le médecin vient de me déclarer hors de danger : c'est consolant.

Il est des gens qui cherchent des

émotions dans le Dante ou Shakespeare, et qui frissonnent avec Hugolin et Macbeth; mais qui ont traversé froidement cet hôpital, curieux, distraits, et surtout grands interrogateurs.

Rien d'aussi affreux au monde!

Une salle étroite et longue, formée de trois nefs : à courts intervalles des pilastres épais, où sont scellées les chaînes qui pressent la cheville du malade. Dès que j'eus repris connaissance, je me levai sur mon séant, et la symétrie des lits, la grandeur du local, la propreté des murailles, me causèrent une sorte de satisfaction; mais bientôt mes cheveux se hérissèrent d'horreur, quand j'entendis retentir sous les linceuls un long cliquetis de ferrailles, et que moi-même j'agitai mes chaînes dans ma convulsion. Non, le pâle récit, la froide parole, ne peuvent donner une idée de ce spectacle d'agonie, de ces gémissements de malades, de ces râles de mourants, combinés avec les retentissements du fer des galériens. L'éternel anneau ne tombe que devant la civière et le dernier linceuil; il nous étreint de son cercle glacé tant qu'une goutte de sang anime les artères de nos pieds; et c'est pour voir cette autre page du bagne qu'un médecin m'a guéri! Qu'il vienne me tâter le pouls, ce n'est pas le bras que je lui donnerai! Ah! je ne suis qu'un lâche! j'ai trop parlé du suicide pour agir! l'homme de cœur au désespoir ne s'impose point de lendemain. La première fois que je lus la lettre de

Saint-Preux sur le suicide, je devinai qu'il ne se tuerait pas. Ses dix pages de commentaires valaient mieux pour le sauver que la réponse de milord Edouard.

C'est cette idée de femme qui me retient encore à la vie par un inexplicable lien.

Et ma mère aussi m'y retient, ma pauvre vieille mère, qui pleure souffre et prie, et qui a besoin de mes lettres pour vivre. Que la religion la console, car il n'est pas bouche humaine qui puise adoucir pareille affliction ! A soixante ans, après une vie toute de vertus, elle s'est vue flétrie en son fils ! Un écrivain a dit : « Il est des maux si terribles et si peu mérités, que la constance même du sage en est ébranlée*. » La constance de ma mère a été plus forte que son malheur : elle n'a pas désespéré de Dieu ; mais cette fermeté de l'âme mine le corps et le tue. Pauvre femme ! tu ne verras pas l'hiver, l'hiver et ses douces soirées de causeries et de reversis. Eh bien ! je t'attends ; hâte-toi de mourir, ma bonne mère ; il ne manquait plus à mon horrible destinée que de faire des vœux pour ta mort !

. . . .

Je suis en pleine convalescence.

J'ai pour voisin de lit un jeune homme bien philosophe, car il rit

* Bernardin de Saint-Pierre.

quelquefois : le rire est effroyable dans un hôpital de galériens. Je l'ai prié de me conter son histoire ; mais elle était si longue que j'ai demandé le dénoûment : l'extrême malheur n'a pas d'attention soutenue pour les longues histoires. Par un de ces jeux du hasard si communs dans les vies extraordinaires, et que les hommes sensés traitent d'invraisemblances romanesques, ce pauvre jeune homme, défiguré et vieilli par les chagrins, est le même que je rencontrai un jour si misérable à Paris, dans mes jours d'opulence et de bonheur. Je lui ai offert de l'argent qu'il a accepté de verve : son temps expire dans huit jours ; mais cette perspective de liberté si prochaine ne lui donne aucune sorte d'émotion. Il s'est façonné aux habitudes du bagne, et le monde n'a plus rien à lui offrir que la liberté : c'est beaucoup pour l'homme heureux, ou pour l'homme né avec l'organisation du travail ; ce n'est rien pour le misérable que la nature a fait indolent, et que le bourreau a flétri. Cette idée de liberté m'a fait faire un retour sur moi, et je me suis dit : Oh ! si j'étais libre ! ô Camille !.... et ma mère !

Et je me suis entretenu toute la nuit avec mon voisin, d'amour et de liberté.

. . . .
. . . .
. . . .

Un Visiteur.

Un de ces hommes qui, dans les choses, ne voient jamais ce qu'il faut y voir.

Mme. de Sévigné.

Ce matin, un étranger, vêtu de noir, est venu promener sa vertu libre et son bonheur dans l'hôpital : c'est une galérie de tableaux comme une autre.

Il était accompagné d'un planton,

espèce de cicérone, ou d'aboyeur de spectacles forains. En entrant le cicérone a dit :

« Voilà l'hôpital du bagne, monsieur.

— Mais c'est très-bien ! on n'est, ma foi, pas mal ici. Est-il ancien cet hôpital ?

— Il a été bâti en 1784.

— C'est absolument la répétition de la salle du rez-de-chaussée, n'est-ce pas ?

— Oui, monsieur : là-bas les gardes-chiourmes ; ici, les forçats malades.

— Mais c'est très-bien! il y a fort peu de malades en ce moment.

— Soixante et un.

— Soixante et un sur six mille forçats..... Voyons la proportion : en soixante combien de fois six.... c'est à peu près le centième ; ce n'est pas beaucoup. Le régime alimentaire de l'hôpital est-il bon?

— Comment, monsieur?

— Je vous demande si les malades sont bien traités?

— Comme à l'hôpital de marine.

— Ah! c'est bien! c'est bien! l'humanité, l'humanité! La vue est fort belle d'ici ; comment nommez-vous ces espèces de hangards, là-bas?

— Ce sont les cales couvertes pour les vaisseaux en construction.

— C'est admirablement imaginé. »

Un galérien convalescent aborde le visiteur d'un air timide, et lui dit :

— Monsieur, voudriez-vous m'acheter cette petite corbeille?

— C'est vous qui avez fait ce petit ouvrage-là?

— Oui, monsieur.

— Avec du sureau? avec de l'ébène ? avec quoi donc est-ce travaillé cela ?

— Avec de la paille, monsieur.

— Rien que de la paille ! c'est prodigieux : êtes-vous ébéniste ?

— Non, monsieur.

— Alors c'est d'instinct.... effectivement, il a sur les yeux les protubérances des beaux-arts : et combien vendez-vous cela ?

— Quinze francs, monsieur.

— Diable ! c'est un peu cher. Et que faites-vous de l'argent ici ?

— Ce qu'on en fait partout, monsieur : vous comprenez bien que ma ration de trente onces de pain, et de quatre onces de féves ne me suffisent pas à moi...

— En effet, c'est un colosse, une constitution athlétique. Et alors, avec de l'argent....

— Avec de l'argent, je vais chez le *fricotier*, où je mange comme un homme.

— Il a raison, le scélérat !... cependant il ne faut pas encourager ces penchants vicieux.... Allons, laisse-nous tranquilles. » (Le galérien sort.)

« Dites-donc, monsieur le cicérone, n'avez-vous pas ici quelque forçat curieux?.... de ces gens qu'on lit dans la gazette ?...

— Mais si... tenez, voilà le fameux *Lamour*, celui qui arrêtait les voyageurs sur la route de Plombières.

— Je ne le vois pas bien en face : ne pourriez-vous pas lui dire de se tourner de mon côté.

— Ah bas ! vous croyez que je suis un maître d'école, ici.

— Tiens, c'est singulier ! alors je vais m'approcher...

— Prenez garde, il vous dira quelque sottise.

— A un homme comme moi ?

— A tout le monde : il se gênerait peut-être !

— Mais j'irai me plaindre à M. l'intendant, pour lequel j'ai une lettre de recommandation.

— Ça ne vous ôterait pas les sottises.... Tenez, monsieur, voilà Gravier.

— Gravier !... je connais ce nom...

— Gravier du Pétard.

— Ah ! j'y suis ! comment, il est bossu ? je ne savais pas qu'il fût bossu. Ah ! c'est Gravier ! je suis bien aise de le voir de près... Il lit, il lit... quel diable de livre peut-il lire ?

— Oh ! vous pouvez l'aborder ; il est honnête , celui-là.

— Je vais l'aborder... Hum ! hum !.. Eh bien ! mons... malheu... Ah ! c'est M. Gravier ; vous lisez... Eh ! ça fait passer le temps, n'est-ce pas?

Gravier. Oui, monsieur.

— Y aurait-il de l'indiscrétion à savoir quel livre...

— Si cela vous intéresse , c'est Rousseau.

— Ah ! Rousseau de Genève , le philosophe ?

— Oui , monsieur. Bonne lecture aux galères !

— Pourquoi?

— Parce qu'elle ne console pas.

— Tiens, c'est drôle; je croyais, moi, qu'il faut avoir des consolations dans le malheur.

— Oui, dans le malheur, mais non pas dans les galères.

— Je ne comprends pas.

— Tant pis. »

Et Gravier fit un signe de tête comme pour donner congé au visiteur.

L'interrogant étranger tira de sa poche un joli porte-feuille en maroquin vert, en disant : C'est fort curieux toutes ces réponses ; je vais écrire tout cela, parce que ces petits détails amusent en société.

Il s'arrêta court et pâlit. En prenant une chaise au pied de mon lit, il rencontra mes yeux et la foudroyante expression de ma figure ; au même instant toutes les chaînes de l'hôpital s'agitèrent sous les linceuls. Misérable! m'écriai-je, de la pauvreté et de l'énergie avec ton cœur froid, et tu serais ferré ici ; c'est la fortune de ton père qui t'a sauvé !

Le visiteur n'écrivit rien, et sortit ; il m'avait reconnu : c'était un de mes jurés.

Une Destinée.

« Je sors dans cinq jours, m'a dit mon voisin : avez-vous quelque ordre à me donner ?

— Aucun.

— Aucun ! réfléchissez bien.

— C'est tout réfléchi.

— Mais si je puis vous être utile pour.....

— Ah !... j'y songerai... j'ai besoin de quelques conseils.... et ici, je ne sais trop à qui me fier....

— Bah ! vous trouverez plus de discrétion ici que dans le monde. Je vous présenterai ce soir au vieux Caron.... il a l'expérience de ces choses, lui... quarante ans de service au bagne !

— Je ne veux pas être présenté à ce vieux brigand.

— Chut, imprudent ! il n'y a point de brigands ici, nous sommes tous frères.

— Veux-tu te taire, misérable !

— Oh ! vous pouvez m'insulter,

moi ; je suis d'airain à tout ; et quand vous aurez mangé dix ans les féves de cet hôtel, vous serez comme moi : rien ne démoralise un homme comme les féves et un argousin.

— Et pourquoi ne se tuent-ils pas tous ?

— Ah ! l'espoir les fait vivre ; et puis, pourquoi se tuer? Il y a des douceurs attachées à l'état ; et la vie passe ici comme ailleurs : on la regrette moins quand il faut mourir ; c'est autant de gagné : voilà la philosophie de ce pays. Que diable ! j'avais vos idées, moi aussi, en entrant, et je me suis apprivoisé : j'ai eu de l'honneur autant que vous ; mais le destin !...

— Ah ! ils disent tous cela.

— Ma foi, c'est une accusation raisonnable.

— Et commode pour les scélérats.

— Mais dites donc, l'ami vertueux, est-ce une bonne œuvre de charité qui vous a fait gagner votre bonnet vert ?... Ne vous fâchez pas : voulez-vous me frapper, voilà ma joue. Il y a douze ans qu'un soufflet reçu m'avait donné la jaunisse ; aujourd'hui, je m'en soucie comme d'un baiser. Je suis mort à tout.

— Et tu as une famille ? un frère ? une sœur ? des amis ?

— Je n'ai plus que moi ; comme

vous voyez, ce n'est rien. J'avais des parents, des parents bien chers; ils sont morts...

— De chagrin?

— De chagrin : pauvres gens!

— Et tu pleures! tu te fais plus méchant que tu n'es.

— Non, je ne pleure pas; je suis un homme vil, un misérable, et je veux travailler à m'avilir davantage; c'est ma consolation... J'étais honnête, il y a douze ans environ; oui, douze ans le 15 mai 18...

— C'est singulier de préciser l'époque.

— Ah! vous trouvez cela singulier! eh, bien! écoutez mon histoire; elle sera courte : ne vous alarmez pas.

— Contez votre histoire.

— Avant de commencer, je suis bien aise de vous faire une question. Savez-vous pourquoi les Turcs perdirent la bataille de Peter-Varadin?

— Que diable de question?

— C'est une question comme une autre, tant que la réponse n'est pas connue.

— Eh! bien non.

— Alors je vous apprendrai qu'elle fut perdue parce qu'un bonze, allant se baigner dans le Gange, avança le pied gauche au lieu du droit.

— Oh! c'est une vieille histoire que j'ai sue dans le temps.

— Bon! je vous ferai grâce de la série de chaînons qui conduisent le raisonnement du pied du bonze à la bataille perdue; mais j'en fais le texte de mon histoire. Moi, je suis au bagne parce que j'ai lu un traité du docteur Pinel, sur le banc de pierre qui est adossé à l'enclos des Chartreux dans le jardin du Luxembourg. Veuillez bien suivre les chaînons de ma destinée.

« J'étais le plus studieux de tous
» les élèves qui assiégent les chaires
» et les amphithéâtres de Paris, j'é-

» tais l'orgueil de mes professeurs et » la joie de mes vieux parents ; mon » unique passion était la médecine, » mes plaisirs une représentation par » mois à l'Odéon.

» Un jour, c'était le 15 mai 18..., » par un temps malheureusement » beau, je descendis de ma man- » sarde pour aller étudier un livre du » docteur Pinel, dans le jardin du » Luxembourg. Je fus arraché à ma » rêverie par le froissement d'une » robe, et je vis une figure éblouis- » sante de fraîcheur. Je me levai ma- » chinalement et suivis la jeune fem- » me comme à mon insu.

» Elle descendit la rue de Tour- » non, la rue de Seine, prit à droite » la rue Dauphine, et se glissa légè-

» rement sous une porte cochère,
» du n°. 36, vis-à-vis la rue Chris-
» tine. J'entrai au café du coin, et
» l'œil collé à la vitre, j'attendis je
» ne sais quoi. Au bout d'une heure
» je sortis, et remontai lentement
» vers mon hôtel, où cette ravissante
» image brûla mon sang toute la nuit.
» Le lendemain, à la même heure,
» j'étais posté au jardin du Luxem-
» bourg, plutôt par souvenir que par
» espoir, lorsque je vis la même
» dame descendre vers la rue de
» Tournon, en côtoyant le grand
» bassin. Me voilà de nouveau sur
» ses traces : elle suit le chemin de la
» veille et se glisse dans le même hô-
» tel, avec une précipitation qui avait
» quelque chose de mystérieux. Cette
» fois j'entre dans la cour presqu'au
» même instant qu'elle ; je tourne la

» poignée d'une porte grillée, qui
» venait de se refermer d'elle-même,
» et je me trouve dans une petite
» salle ignoble à voir, et dont les
» murailles sont couvertes de cha-
» peaux; deux hommes assis me re-
» gardaient. Persuadé que je suis
» dans l'arrière-boutique d'un cha-
» pelier, je prends du sang-froid, et
» je prie ces messieurs de me faire
» voir un chapeau. — Quel chapeau?
» me dit en se levant un homme
» grand, sec et sérieux. — Et! un
» chapeau comme les autres, répon-
» dis-je... à la mode. — C'est bon,
» monsieur, c'est bon, dirent-ils
» tous les deux ensemble, passez vo-
» tre chemin; et au signe qu'ils fi-
» rent un gendarme sortit d'un ca-
» binet sombre, et me poussa dans
» la cour et ferma le vitrage sur moi.

» Je cherchai la loge du portier; ni
» loge, ni portier; c'était un hôtel
» unique dans Paris.

« Mon imagination s'exalta; je voulus me rendre raison de ces choses étranges, approfondir quels rapports pouvaient exister entre ces hommes, à face dure, ces chapeaux, cette salle ignoble, cet insolent gendarme, et cette femme céleste plus ravissante encore qu'hier. Toutes mes conjectures ne me satisfirent pas, et, dévoré d'impatience, je me décidai à attendre la sortie de mon inconnue, dussé-je me promener dans la rue jusqu'au lendemain.

» Deux heures s'étaient écoulées; la nuit et le brouillard obscurcis-

» saient la rue Dauphine : plus hardi
» dans les ténèbres, je m'assieds sur
» la borne même de l'hôtel, et, pour
» me donner une contenance, j'en-
» gage la conversation avec un con-
» ducteur de cabriolet stationné de-
» vant moi. Je languis peu à ce nou-
» veau poste. Au coup de cinq heu-
» res et demie la belle mystérieuse
» arriva lestement sur le seuil de
» l'hôtel, elle monte dans le cabrio-
» let, en me froissant de sa robe et
» de son schall. Dans une minute, je
» me trouvai seul; le cheval se pré-
» cipita au galop vers le carrefour
» Bussy, et tout disparut.

» Ce fut ma vie pendant quinze
» jours; cours, amphithéâtre, Du-
» bois et Pinel, douces études du ca-
» binet, tout était délaissé; mes pro-

» fesseurs m'avaient écrit des lettres
» amicales auxquelles je n'avais pas
» répondu ; ma passion était enve-
» loppée de trop de singularités pour
» me laisser ce sang-froid qu'exige
» l'étude. Vingt fois je voulus abor-
» der au Luxembourg l'inconnue,
» mais un scrupule me retint ; je
» craignis d'attenter au mystère de
» ses promenades, et de me perdre
» à jamais dans son esprit.

» Cette incertitude était accablante:
» un soir je pris l'énergique résolu-
» tion de la suivre, de franchir de
» vive force la salle des chapeaux, et
» de monter aux étages supérieurs
» où sans doute les renseignements
» ne me manqueraient pas: pour les
» payer, j'avais dans ma bourse tou-

» tes mes économies, douze pièces
» de vingt francs.

» Je m'enveloppe de mon carrick,
» j'affecte une démarche militaire,
» j'ouvre le vitrage d'un air décidé,
» et, sans écouter les cris des deux
» gardiens, je pousse une seconde
» porte et je me trouve dans une salle
» pleine d'hommes muets et debout.
» Au même instant, une main arra-
» che mon chapeau, et glisse dans la
» mienne une petite plaque d'ivoire
» jaune avec un numéro. Tous les
» regards se tournent vers moi, un
» ricanement général m'accable; n'o-
» sant rebrousser chemin, je longe
» le mur, la tête haute et le refrain à
» la bouche, une nouvelle porte
» s'offre à moi, je la franchis.... et si

» jamais la foudre m'écrase, comme
» je l'espère, je serai raide de stu-
» peur comme devant l'étrange ta-
» bleau qui frappa mes yeux.

» Trente dames étaient assises au-
» tour d'une immense table verte,
» toutes dans un silence effrayant,
» et les yeux fixés sur des cartes qu'un
» hideux banquier déroulait devant
» lui. Chaque joueuse assemblait des
» cartes rayées et pressait une pille
» de petits écus, et ma belle inconnue
» frappait le tapis de son poing blanc
» et potelé, avec une expression épi-
» leptique de douleur, qui ne frappa
» que moi. Puis, se levant avec dé-
» pit, elle dit d'une voix harmo-
» nieuse: Quand ce gros monsieur
» taille, il y a dix refaits par heure;

» voilà vingt masses que je perds sans » gagner un seul paroli!

» Je m'attendais à une insurrection » générale de joueurs, de joueuses et » de banquiers : tout fut calme. Le » gros monsieur ne fit aucun signe » d'impatience, aucune tête ne se » leva, on n'entendit que le cliquetis » argentin des écus refoulés par un » rateau d'acier. Ma belle inconnue » avait disparu. Sa chaise était va- » cante, je m'y précipitai avec trans- » port, et je m'assis comme un fu- » rieux. Au même instant, un gros » homme chauve me jeta des cartes » rayées sous le nez, et m'offrit de » longues épingles fixées à la manche » de son habit : j'acceptai machina- » lement. Le banquier me présenta

» la coupe ; je coupai, il me remar-
» cia. Une dame, ma voisine, laide
» et vieille, se pencha vers moi en
» me disant : Etes-vous heureux à la
» coupe ? — Oui, madame. — Alors
» je vais jouer le *tiers et tout*; je crois
» que vous jouez la *série*, vous mon-
» sieur ? — Quelquefois, madame. —
» Comme madame Duverger ; elle a
» beaucoup perdu aujourd'hui. —
» Ah ! cette dame qui vient de partir
» est madame Duverger ? — Oui,
» monsieur, veuve d'un colonel, à
» ce qu'elle dit du moins. »

« Alors une voix aigre comme celle
» d'un huissier nous imposa silence.
» Pour étouffer ma confusion, je je-
» tai vingt francs sur le tapis : c'é-
» tait prendre mon inscription de
» galérien ?

» Voulez-vous en savoir davan-
» tage maintenant ?

— Non, lui ai-je répondu : je devine à peu près tout.

— » Trois mots encore. Mon
» amour s'évanouit ; je devins effréné
» joueur et faussaire un an après : me
» voilà ! Que dites-vous de mon
» étoile ? Pour moi j'y ai beaucoup
» réfléchi, et les loisirs ne m'ont pas
» manqué pour cela. J'en ai conclu
» qu'il y avait dans ce bas-monde
» deux sortes d'hommes bien dis-
» tincts. Les uns naissent et vivent
» sans que le ciel ait l'air de se sou-
» cier d'eux ; il ont une vie bien mo-
» notone, dont tout le bonheur est
» dans l'absence du malheur ; les au-
» tres, au contraire, semblent être

» nés pour être les hochets de quelque
» malin génie ; leur existence est un
» cahotement perpétuel ; tout leur
» vient à mal ; chacun de leur jour à
» sa physionomie particulière, les in-
» cidents non prévus leur tombent
» comme dans une tragédie. Tou-
» jours l'inverse de la chose atten-
» due, toujours le côté noir de la
» chance sur laquelle ils jouent ; tou-
» jours l'orage quand leurs voisins
» ont un ciel pur. Et, souvent, quelle
» est la cause première qui détermine
» cette échelle sans fin de cahote-
» ments ? Une vétille, une feuille qui
» tombe, un papillon qui vole : allez
» vous méfier de si peu ! si ma fatale
» banquette du Luxembourg eût été
» placée deux pieds plus loin, je ne
» serais pas ici. »

Mon voisin était tombé dans l'abattement de la rêverie : il y avait peut-être du repentir dans ce silence, je le respectai.

Le vieux Caron.

Et pour mieux cacher nos projets,
Chantons gaîment la barcarolle !

(*La Muette de Portici.*)

UN vieillard aux galères est hideux.

Ce matin, en m'éveillant, je l'ai vu qui s'entretenait avec mon voisin : ils parlaient une langue inconnue, l'argot sans doute. A peine ai-je fait un léger mouvement que le vieillard m'a regardé froidement avec ses yeux d'un bleu pâle, en me disant: « Eh bien! le Parisien me dit que l'air de la montagne est bon, qu'en pensez-vous? »

J'ai fait un signe affirmatif.

Il a continué :

« Vous avez des galions, n'est-ce pas? avec ça le perroquet du *Barberot* volerait jusqu'à la grosse Tour, et plus loin encore.

— Oh! beaucoup plus loin, lui dis-je, et d'un autre côté surtout.

— Oui, par le Nord-Est, c'est mieux. Vous connaissez la porte de France?

— Je l'ai reconnue en entrant.

— Et après, que trouve-t-on ?

— Que m'importe ! tout chemin est bon.

— Bien pensé. On m'a dit que vous aviez votre coffre-fort dans votre matelas ?

— J'ai ma fortune à votre service.

— Votre fortune ! qu'en ferai-je ? acheterais-je tout le tabac de la Havane ? toute l'eau-de-vie du Languedoc ? voyez mes cheveux et mes rides : je n'ai plus que quelques petits verres à boire et quelques pipes à fumer.

— Je vous comprends.

— Et bien ! écoutez-moi... »

(En ce moment un garde s'arrêta devant nous, le vieillard continnua tranquillement.)

« Ecoutez-moi.... C'était dans le
» mois de novembre 1793, vous
» voyez que je date de loin, il y avait
» un autre logement de nuit pour les
» forçats, et d'une petite lucarne qui
» s'ouvrait sur la rade, je voyais le
» Petit-Gibraltar clair comme je vous
» vois. Ces coquins d'Anglais avaient
» joliment fortifié cette redoute... »

(A mesure que le garde s'éloignait ou revenait, le vieillard changeait le texte de son discours avec un admirable sang-froid.

« Vous me donnerez quinze louis
» pour les premiers frais, je vous

» aurai un costume de monsieur et
» une perruque.... Vous trouvez-ça
» un peu cher peut-être ?... Ah! c'é-
» tait une redoute aussi forte que
» Lamalgue, trente-six canons de
» vingt-quatre, des fossés larges
» comme le grand canal, et des che-
» vaux de frise ; il fallait avoir le dia-
» ble au corps pour prendre cela....
» Quand vous serez rétabli, vous
» rentrerez au bagne flottant, et là
» quelqu'un se présentera, pendant
» trois jours, qui vous portera votre
» costume pièce à pièce ; vous ca-
» cherez tout sous la sangle de votre
« lit.... Vous savez que Bonaparte
» n'était qu'un conscrit alors, un
» caporal, quoi. Le drôle, qui con-
» naissait son état mieux que le ci-
» toyen Dugommier, devina qu'il
» fallait prendre le Petit-Gibraltar ;

» c'était un morceau dur à digérer, » mais il dit aux représentans: Ma » foi, je m'en charge, donnez-moi » un régiment.... Il vient souvent de » bons enfants vous voir au bagne, » n'est-ce pas? Attendez qu'il vous » en tombe une bande, cinq à six, » et choisissez bien votre monde, » observez les figures. Pendant qu'ils » feront des questions aux voisins, » habillez-vous... Quelle nuit il faisait! » jamais nous n'avons vu sa pareille » de mémoire de forçats...Dites donc, » M. Paillou, voulez-vous entendre » mon histoire? prenez une chaise; » ah! vous l'avez entendue trente » fois, c'est bien honnête, prome- » nez-vous.... Je reviens à ma nuit; » des éclairs comme des soleils, des » tonnerres coup sur coup; on voyait » le Petit-Gibraltar comme en plein

» midi. Les Français suivirent les col-
» lines là-bas au pas de charge ; ils
» descendirent dans le vallon , et ils
» placèrent une batterie, sur un ma-
» melon que je vous ferai voir di-
» manche en nous promenant... On
» vous donnera une lime pour tra-
» vailler votre ferraille ; uue bonne
» lime, c'est l'affaire d'une heure de
» travail. Quand vous serez habillé ,
» vous descendrez fièrement avec les
» autres, si le planton vous tourne
» le dos. Soyez bien tranquille : on
» ne se méfie pas de vous, je le sais ,
» moi ; allez bon train, et marchez
» sur la grande porte comme un hon-
» nête particulier. Après , à la garde
» de Dieu ; il y a des choses qui sont
» d'idée dans ces moments-là ; je ne
» vous dis que le gros: vous devez

» être fin, parce que vous avez le nez
» pointu..... Ils tiraillèrent deux heu-
» res, c'était une musique de ton-
» nerres et de canons : après ils mon-
» tèrent à l'assaut par une brèche,
» tuèrent tous les canonniers sur
» leurs pièces et massacrèrent la gar-
» nison. Si le vent du nord ne s'était
» pas levé, le Petit-Gibraltar aurait
» coulé à fond tous les vaisseaux an-
» glais de la grande-rade ; mais ces
» coquins d'Anglais sont si heureux!..
» J'ai fini, j'ai fini, M. Paillou.....
» Adieu, mes camarades ; dimanche,
» je vous ferai voir le mamelon de la
» batterie de Bonaparte : c'était une
» fière position qu'il avait prise là,
» ce gaillard ! »

Allons, ne soyons pas scrupuleux

sur le choix des moyens et des hommes ; ne voyons que le but. Que puis-je risquer d'essayer, tant d'autres ont réussi, et bien plus coupables que moi ! O fortune !

Incident.

JE pouvais balancer l'autre jour, maintenant je suis prêt : Camille est ici !!! Que cette lettre se colle à mon sein !

« Il n'est point de faute qui ne
» puisse être expiée : c'est moi qui
» suis criminelle, et je dois m'en pu-
» nir. J'ai fait mes adieux à notre
» pays ; je viens respirer l'air que tu
» respires, et me réchauffer à ton

» soleil. Je n'ai qu'un compagnon, » c'est ton fidèle Bruno ; c'est lui » qui est mon guide et mon soutien. » Nous habitons depuis deux jours » la petite ville voisine, en attendant » que notre ermitage d'Evenos soit » prêt. C'est une ferme abandonnée, » et bien éloignée de toute habita- » tion ; un véritable désert sur un » haute montagne. De là je vois dans » le lointain la prison que tu habites : » cela suffit à ma vie. Quand je me » sentirai plus courageuse et plus » forte, j'irai te voir ; mais ne nous » trahissons pas devant les autres, » afin qu'on n'élève pas quelque » obstacle entre nous. Bruno te re- » mettra ce billet avec précaution. » Je serai à mon ermitage d'Evenos le » 13 du mois d'août, dans huit jours » seulement ; avec une lunette d'ap-

» proche tu pourrais distinguer cette
» habitation ; elle est adossée à un
» grand pin isolé. Adieu, je ne te
» dis pas de m'aimer ; mais pardonne-
» moi.

» CAMILLÆ D***. »

Qu'attendent-ils pour me délivrer? toute ma fortune à qui me donnera ma liberté ce soir!

Ce soir! ou l'impatience va rallumer ma fièvre, et demain je rentre à l'hôpital! Oh! que la santé m'est précieuse aujourd'hui! Soignons-la comme ferait un homme heureux et libre.

Mon voisin de lit m'aurait-il oublié? Il est libre, lui, depuis deux jours; et mon sort est entre ses mains.

Attendons.

. . . .

. . . .

. . . .

Le vieux Caron m'a fait le signal convenu. L'honnête homme!

N'écrivons plus.

. . . .

. . . .

Ce sera long encore... bien long... enfin il faut se résigner, la liberté est au bout.

. . . .

. . . .

Elle m'a dit le 13... c'est un chiffre de malheur! je serai prêt.

Evenos.

> Évenos s'élève sur une colline
> isolée : un étroit sentier jeté
> sur des abîmes sans fond lui
> sert d'avenue.
>
> REY-DUSSEUIL. (*Confrérie du Saint-Esprit.*)

Il est un village unique au monde, c'est Evenos ; il domine à pic les gorges d'Olioulles, ces Thermopyles de la Provence. Quand on aperçoit Evenos du fond de la vallée, en levant les yeux au zénith, ce n'est qu'un monceau de ruines féodales, mêlées aux scories noires d'un volcan éteint; mais si l'audace vous prend de gravir ces sentiers brûlés de lave, et d'aller examiner ce nid d'aigle, dans le voisinage du ciel, vous trouverez là-haut de doux plaisirs pour votre vue et votre cœur; car jamais la nature n'aura semé tant de contrastes sous vos pieds, n'aura déployé devant vous un plus vaste horizon. Vous marchez sur le cratère d'un volcan, et tout le couronnement de la montagne semble pleurer sa végétation première. Là-bas, ce sont des rocs pelés et grisâtres, amoncelés par des géants, sans arbustes ni crévasses, tous équarris comme par le ciseau. Ce sont deux montagnes jumelles, toutes d'un bloc, qui se sont séparées pour laisser passer un torrent; il fait bien sombre dans ce gouffre, et le soleil ne monte jamais assez haut pour y jeter ses rayons ; mais avancez vers l'ouest, c'est le passage de la mort à la vie ; il n'y a point de transition, la nature n'en fait jamais ; là, où expire la dernière dentelure de roc, commence une végétation de fleurs et d'or ; jardins semés de lauriers-roses et d'oranges, de grenades et de jasmins, vives cascades qui tombent des roches, collines aux molles inflexions, étagées de vignes et d'oliviers ; et, par intervalle, des toits de rouges tuiles si riantes à l'œil : lancez-vous à l'horizon ; la campagne fuit vers la mer, en ondulation de verdure ; et quand la terre manque au regard, c'est l'éblouissante Méditerranée, c'est la rade de Toulon dont vous voyez les mâts gigantesques à travers les bois de pins jetés sur le rivage, comme pour prêter leur ombre aux matelots.

Comme la pureté de l'air m'a rafraîchi le sang! quelle force donne à mes nerfs détendus cette vive atmosphère de montagne imprégnée des parfums des orangers et de la mer! Maintenant vienne qui voudra me traquer sur cette pyramide de rocs; mon œil domine tout: dans le vallon, dans la campagne, sur le flanc poli de ce mont, pas un être vivant ne peut se lever à mon insu; et puis j'ai ma ressource toute prêtre pour un dernier malheur; cet abyme idéal ouvert sans cesse sous mes pas dans mon orageuse vie, je le vois aujourd'hui dans son horrible et matérielle réalité. De ce bloc où je suis assis, au torrent qui coule là-bas, il y a bien huit cents pieds de muraille à pic, et pas un arbuste officieux pour accrocher le désespoir en chemin! Ah! je croyais trouver plus de bonheur dans la liberté! C'est que, pour être heureux, il faut être plus que libre; c'est qu'en déposant la chaîne du bagne, on ne dépose pas ses remords et ses souvenirs. Eh bien! prenons le beau côté de ma position; loin de la rejeter, emparons-nous de la seule idée de bonheur qui me reste, pour m'en faire un bouclier contre mon désespoir. Jamais il n'a été donné à un homme de savourer une femme en pareille situation. Hier j'étais galérien, avec des jours d'ennui sombre, avec des nuits de désirs dévorants; aujourd'hui, libre, voisin du ciel, nageant dans un air pur, énivré de thym et de soleil, et là, sur cette place, dans une heure, une femme viendra poser, comme une statue grecque sur un piédestal, une femme à moi, et que j'ai assassinée par amour, et qui m'aime comme son assassin; choses au-dessus des vulgaires intelligences, science et raffinement de passion qu'on achète au prix d'un sang de feu! Et je brûlerai de ma bouche l'empreinte de ma balle, et elle me dira de ces mots qui coulent comme des laves dans la poitrine! de ces mots du moment qu'une femme invente, et qu'on ne redit pas. Après, arrive un lendemain de mort, arrive une escouade de gendarmes et d'argousins, ma nuit aura été pleine, mon avenir sera dignement payé.

Voilà mon lit d'hyménée! digne de moi, la volupté sur l'abyme.

Que fait ce soleil, depuis une heure, immobile dans la crévasse de cette ruine? et point de nuages autour de lui pour me tromper sur sa lenteur! Oh! quand le verrai-je glisser entre ces deux pins à éventail qui sont si calmes à l'horizon? et la plaine aussi est calme; nul signe d'impatience n'éclate dans cette fête de tous les soirs; il n'y a que moi de spectateur ennuyé; c'est que ma place n'est pas ici, pauvre intrus!

J'ai trop pensé à Camille pour y penser encore dans ce moment de corrosive impatience; c'est une image qu'il faut éloigner, ou les artères de ma gorge vont se briser, ou mon cerveau va éclater d'un coup de sang. Il faut consommer ces trois heures d'attente par des calculs et des jeux puérils. Loin, bien loin de moi toute idée de chair et de volupté! Si j'avais mes instruments de mathématiques, je mesurerais le pic voisin qui me regarde, avec ses deux antres ronds et noirs; si j'avais mes pinceaux, je peindrais ce paysage sur cet énorme bloc blanc et poli comme une toile. Bonne idée! voilà, je crois, la petite graine dont on fait le vermillon; avec du noir et du vert qu'on trouve ici partout, et ce filet d'eau pour délayer mes couleurs, je vais m'improviser un atelier...

Oh! trompe-toi, trompe-toi, malheureux! prends le langage de la vie heureuse, pour te donner du calme, tu ne seras pas dupe de ta mystification; en vain tu veux asseoir ton sang, jeter une écluse au torrent de tes idées d'amour, d'évasion, de crime, ces poignantes idées te débordent; il faut les subir une à une, et toutes ensemble, sans choix de ta volonté. Roule-toi sur le roc, ris, pleure, récite des vers, compte les arbres de ce bois, les feuilles de cet arbre, les blancs cailloux du torrent, toujours, toujours au milieu de ces puériles distractions, gronde à ton oreille, comme un infernal accompagnement, l'orage de la dévorante passion!

O viens, viens, douce brise de la colline, odorante rosée, qui rafraîchis le sang: montez du vallon à la montagne, légères harmonies du soir, roulements des cascades, chants des rossignols, refrains de jeunes filles, sons de la cloche pieuse; arrivez à l'oreille de l'être qui souffre, saintes et suaves expressions de la vie heureuse; voix qui donnez une ame à ces jardins de parfums, à ce village qui se baigne dans les fontaines, à cet horizon de pins et de mer qu'un dernier rayon sème de nuages d'or!!!

On chante là-bas!... j'ai entendu une voix.... une voix connue.... c'est le signal! ce doux chant monte aussi comme un parfum du soir.

Te souvient-il du lac tranquille
Qu'effleurait l'hirondelle agile!

Oh! oui; mon cœur se fond à ce souvenir.... la voilà!

En jetant mon regard dans la direction de la rade, j'ai vu briller un éclair... deux coups de canon ont retenti contre ce pic voisin ; c'est un signal aussi, mais terrible : un forçât vient de s'évader du bagne.... c'est moi.

---

ceci encore ce pic voisin : c'est un signal aussi, mais terrible : un forçat vient de s'évader du bagne... c'est moi.

Dernier Coup.

Quoi ! ne l'ai-je assez en mes vœux désirée !
N'était-elle assez belle ou assez bien parée !

REGNIER. (*Élégie.*)

O reste jusqu'au bout !

Ecrivons, cela console ; que faire, d'ailleurs?

Quoi ! ne l'avais-je assez en mes vœux désirée !
N'était-elle assez belle ou assez bien parée !

Ces deux vers sont, je crois, de Regnier : je les répète depuis deux jours ; c'est le cri mélancolique et si naturel de la passion trompée ; c'est le cri de la force virile et puissante que paralysa trop d'ardeur. Encore une consolation refusée à ma vie !

Aussi bien, quel enfantillage de penser qu'une nuit de voluptueuse épilepsie m'eût versé l'oubli de tous mes malheurs ! Etrange nuit !

Et pourtant j'aurais pu être heureux encore !

Quand l'aube a blanchi les volets de la petite ferme qui nous servait de retraite, j'ai voulu respirer la fraîcheur du matin ; un instant j'ai cru que mon imagination délirante m'offrait dans le lointain comme un mirage de gendarmes ; j'ai appelé Camille, et lui ai montré du doigt l'épouvantable apparition : Nous sommes perdus, s'est-elle écriée en pâlissant, sauvons-nous. Impossible, lui ai-je dit, il fait déjà trop clair sur ce plateau sans arbres ; restons : je crois même qu'ils ne marchent pas dans notre direction. Comment peuvent-ils soupçonner que je suis ici ? Au même instant on frappe à grands coups à la porte d'entrée, opposée à notre chambre. Un cri s'est élevé : *Ouvrez, de par le Roi.* A ce cri je me suis élancé de la croisée à demi-nu ; mais la commotion a été si forte, qu'avant de me relever j'étais déjà garrotté. Un brigadier s'est avancé qui m'a demandé mes papiers. Mes papiers ! hors quelques notes écrites moitié au crayon, moitié à la plume, je n'avais rien à exhiber. Alors j'ai entendu ces mots prononcés à quelques pas de moi : C'est lui, c'est bien lui !

Camille, conduite par trois gendarmes, est arrivée sur le lieu de la scène ; elle pleurait. « Pourquoi madame n'est-elle pas libre? ai-je dit au brigadier. —Libre! ah! il est bon là le particulier! » m'a dit un alguazil en ricanant. Les traits de Camille étaient voilés par son mouchoir. Je voyais en frémissant des mains larges et noires qui rajustaient gauchement le désordre de sa robe, et des yeux ardents qui s'attachaient à elle, avec un sentiment qui n'était pas de la compassion. Pour savoir jusqu'où peut aller la frénésie des désirs, il faut avoir vu une belle femme, demi-nue, la figure en larmes, cernée par quinze alguazils, sur le sommet désert d'une montagne, à cinq heures du matin.

Allons, en route, a dit le brigadier. Je marchais devant le brigadier et un officier de paix; mes mains étaient liées derrière le dos; j'entendais les pleurs de Camille, son pas léger, le frôlement de sa robe sur le thym; mais je ne la voyais pas. Une seule idée m'affectait péniblement, l'arrestation de Camille; toutes mes demandes à ce sujet restaient sans réponse et ne provoquaient que des rires stupides. L'officier de paix et le brigadier avaient déposé leur physionomie d'arrestation, et leur accent de corvée; ils avaient repris leur figure calme, et s'entretenaient d'une voix douce de choses étrangères à ma situation.

Nous descendions lentement une rampe adoucie dans sa pente par des sinuosités, et comme taillée dans le roc vif; nous dominions presque d'aplomb le village d'Ollioules. Je tournai la tête machinalement pour voir lever le soleil; il était radieux et calme, tel que je l'avais vu la veille à son coucher: je cherchais dans le cercle immense de l'horizon quelque site lugubre, qui répondît à mon ame; tout riait d'éclat et de bonheur; j'étais le démon de cet Éden, le repoussoir de ces paysages dorés. Que de reconnaissance n'avais-je pas pour le ciel qui m'avait choisi sur cent mille pour faire contraste! Voilà le cimetière, dit une voix rauque de gendarme, et je précipitai mes yeux sur le cimetière : c'était un jardin bien gai, avec des eaux vives et des charmilles d'aubépine et de jasmins espagnols.

Il faut avoir passé dans cette vallée avec des menottes, et le bagne en perspective, pour bien sentir le bonheur de l'artiste libre en voyage. Parfois, à force d'imagination, je me dérobai à l'horreur de ma réalité ; le moindre accident me jetait en rêverie ; une jeune paysanne, brune et fraîche ; la roue de l'usine immobile sur l'écluse ; un arrosoir vert auprès d'une source parmi des touffes de rosiers ; des raquettes de volants, laissées de la veille aux branches de l'oranger ; une jolie figure de ville sous la persienne d'un kiosque ; des fermes bien propres, avec leurs treilles italiennes, leurs puits sous le figuier, leurs volières à l'ombre ; et devant, la jeune demoiselle en vacances qui joue et chante, matinale pour jouir complètement de son beau jour.

Et c'est avec ces gracieuses idées du matin, au chant des douces romances, au concert des rossignols, au parfum des orangers, aux harmonies des cascades, que j'entrai dans Ollioules ; là, des maisons de ville, des cabarets noirs, des ombres poudreuses de tentes d'auberge, commençaient à rembrunir le paysage, et me servaient comme de transition pour m'apprivoiser au cachot où j'étais attendu.

J'y suis à cette heure. Un cachot de village a quelque chose encore qui me plaît ; à travers les barreaux, j'ai des échappées de campagne ; je vois, assis sur des bancs de pierre, de vieux paysans, à guêtres jaunes, qui ont fait leur temps de forçats et qui se reposent ; je compte les ormeaux de la place ; j'entends les cris joyeux des petits enfans qui se préparent par des jeux à cinquante ans de charrue ; le vent pousse jusqu'à mon visage la poussière d'eau qui tombe de la grande fontaine. - Malheureusement, ce n'est qu'un relais !

La Vierge d'Août.

C'EST aujourd'hui dimanche ; jour de repos pour la justice et les condamnés ; demain, à cinq heures, il faudra repartir à pied pour Toulon, gendarmes aux trousses, et menottes aux mains. Le peuple m'attend aux portes ; bon peuple ! il raffolle des plaisirs qu'il n'achète pas. Maintenant je puis dire comme mon patron d'Argos :

Grâce au ciel, mon malheur passe mon espérance!

Eh bien! il y a au moins du calme dans l'extrême malheur! C'est une position que je ne soupçonnais pas; on a un certain orgueil à pouvoir dire, rien de pire ne peut m'advenir, je suis aux confins de l'humaine infortune; maintenant il faut que la chance tourne par le retour vers le bonheur ou par la mort. La mort! quelle grande consolation ce mot terrible porte avec lui! Avec quel transport de joie on le prononce, quand on vient de sonder les abîmes de sa vie, et d'embrasser d'un coup d'œil l'horreur présente et l'intolérable avenir! O bonheur! mon corps n'est pas immortel! la Divinité me fut au moins une fois propice en me donnant une vie que je puis briser comme un hochet d'enfant.

Et pourtant je l'aime cette vie, car elle est douce; et j'avais reçu du ciel tout ce qu'il faut pour en user; santé robuste, tendresse de cœur, dons de l'esprit, et fortune toute faite que j'avais ramassée au berceau. Mais, dans les harmonies de ce monde, il fallait un horrible pendant à quelque fat heureux, et l'Ordonnateur m'a choisi; ainsi vont les choses: qu'y faire! m'a-t-on demandé si cette répartition était de mon goût? Non: je ne demanderai donc conseil à personne pour casser l'harmonie.

Si je parlais ainsi tout haut dans le monde, aussitôt, quelque monsieur calme et frais, rentier et bourgeois, qui a réglé sa vie comme une montre, s'écrierait avec une émotion froide : que mes discours sont mêlés de blasphême et de folie ; que l'homme est maître de sa destinée, et qu'il la maîtrisera aisément, s'il s'accoutume de bonne heure à dompter ses passions ; un pédant me citera le chapitre de Sénèque, *de Cupiditatibus reprimendis* ; un magistrat me déblatérera quelque réquisitoire filandreux, écrit sans conviction, dans un boudoir, avec des aphorismes de Justinien. Et la moutonnière foule, qui veut passer pour vertueuse, à tout prix, m'écrasera de phrases et de mots.

Ah! ce n'est ni avec des phrases, ni avec des mots, ni avec une indignation feinte, qu'on refuse les choses de sentiment.

Un seul homme pourrait avoir raison contre moi ; le vieux philosophe chrétien, tout ridé par ses combats intérieurs, qui me dirait avec onction : Mon fils, ne raisonnez pas ; humiliez-vous et priez : la lumière ne vient que d'en haut : la bouche de l'homme n'a point de consolation pour les extrêmes malheurs ; il faut la chercher autre part. Que comprenez-vous aux secrets de ce monde mystérieux ? Rien : le meilleur système philosophique n'est qu'une ingénieuse absurdité. Souffrez vos douleurs avec espoir et résignation ; qui sait si vous ne prenez pas à faux le sens de vos termes profanes? qui sait si votre infortune n'est pas du bonheur?

Oh ! si je pouvais encore façonner

mon esprit à ces consolantes pensées de religion et de morale ! Si quelque germe de pieuse croyance, quelque vague souvenir de l'alcove de ma mère, pouvait retremper ma vie, j'irais avec joie me replacer à mon banc, me créer une Thébaïde dans le bagne, subir mes quarante ans de poteau, bien convaincu que tant de résignation et de repentir ne seraient pas perdus devant Dieu.

Mais comment combler le vide de mon cœur? pourrai-je m'habituer à cette longue pensée pieuse qui, jusqu'à ce jour, me fut étrangère ou indifférente, et qui seule doit, tout le reste de ma vie, soutenir ma faiblesse d'homme, et dompter mes vieilles passions?

Que me coûtera-t-il d'essayer? le jour ne peut être plus propice à ma réhabilitation. C'est fête au village sans doute, car on jonche les rues de genêts et d'immortels, et leur agreste parfum se glisse dans mon cachot : même en mes jours de passions orageuses, j'ai toujours aimé les fêtes de village, si fraîches et si riantes dans le midi. C'est déjà un bonheur pour moi d'avoir été arrêté hier; qui sait si le jour de demain m'eût apporté les mêmes inspirations! J'en rends grâce au ciel.

La foule gaie et bruyante se groupe sous les ormeaux de la grande place, quatre heures sonnent : Oh! je veux m'enivrer de ce spectacle de calme et de sainte poésie : Écartez-vous, oisifs de la ville, hommes indifférents;

laissez entrer, par les barreaux de mon soupirail, la vie et le soleil; laissez m'asseoir de loin à cette fête, comme un convive obscur et ignoré, j'en ai soif et besoin : ce sera pour moi une provision d'ineffables souvenirs pour mon dur voyage; je ne puis plus vivre que de souvenirs.

. . . .

. . . .

. . . .

Ah! mes larmes coulent encore d'enivrement et d'amour; ce tableau s'est identifié avec moi, je le reverrai toute ma vie tant qu'une brise de midi m'apportera le son d'une cloche et les parfums des genêts de la colline. Les jeunes filles, vêtues de blanc, suivaient les vertes bannières; on portait les images des saints, et la statue de la Vierge; on balançait des encensoirs, on semait le chemin de bluets et d'immortelles, et la foule se prosternait devant. Puis mille sensations m'arrivaient à la fois, vent frais du rivage, frémissement des banderolles, parfum d'encens et de thym, gai carillon de cloches, cris d'une joie enfantine, chant des vierges et des pauvres matelots qui saluaient *l'étoile de la mer*. La Théorie chrétienne a passé, j'ai vu ses derniers rangs se perdre sous les arbres; en ce moment elle entre dans les jardins d'orangers: après quelques intervalles de silence, j'entends encore dans le lointain l'*Ave maris stella* des jeunes filles, air pieux, empreint d'une grave et touchante mélodie, qui arrive dans ma prison comme le chant d'espoir du naufragé.

L'Amour de la Liberté.

ME voilà comme avant, dans ma première cage de bois !

Grâces à une invisible protection, j'ai obtenu deux faveurs : je suis entré de nuit dans la ville, et l'on m'a épargné l'infâme châtiment qu'on inflige aux forçats évadés. Un redoublement de précautions est la seule vengeance que mes geoliers aient exercée contre moi. Que m'importe ce luxe de surveillance ! Ma tentative malheureuse m'a dégoûté de la liberté ; je veux mourir ici.

J'ai un nouvel hôte dans la cabine voisine ; c'est un grand et fort jeune homme de vingt-cinq ans, qui marche avec peine, car de vives et récentes blessures lui ont ôté l'usage libre de ses pieds. J'ai sympatisé avec lui dès que j'ai connu le motif de ses souffrances ; je veux recueillir son récit ; malheureusement je ne pourrai transcrire son touchant organe, et ces douces intonations de sensibilité qui résonnent encore à mon oreille.

« Je suis né à Paris, m'a dit l'infortuné ; à vingt ans j'entrai en liaisons avec M. M***., dont on vantait les richesses, et qui les gagnait assez aisément : il battait la fausse monnaie. J'eus le malheur de l'aider dans ses travaux criminels ; la justice nous découvrit tous deux ; je fus condamné aux travaux forcés à perpétuité.

» A peine entré dans le bagne de Toulon, je fus accablé d'une pensée constante, mon évasion.

» J'étais lié de bonne amitié avec un camarade qui travaillait en ville par faveur ; il m'apporta pièce à pièce un habit complet de matelot et un ressort de montre. Je passai cent nuits à scier mon anneau. Dès que j'eus la cheville libre, je changeai de costume ; je sortis hardiment du bagne flottant, et je pris le chemin de la porte de l'Arsenal. Mon étoile voulut qu'il se trouvât sur mon passage un argousin et un payol qui me connaissaient : pour les éviter je me détournai un peu à droite ; ils firent un mouvement de tête et quelques signes de mon côté : mon sang-froid m'abandonna, je me précipitai entre deux larges pièces de bois, et je me fis une converture de vergues et de vieux débris d'un vaisseau démoli. Par une petite ouverture que je m'étais ménagée, j'épiais tous les mouvements des deux factionnaires de la Porte-de-Fer, en attendant la minute précieuse où ils me tourneraient le dos. Mais on eût dit que c'était convenu entre eux de se promener à rebours ; de manière que j'avais toujours devant moi la face de l'un d'eux. La nuit vint, on ferma la porte, et je m'endormis. A mon réveil, il faisait grand jour ; je mourais de faim et de soif, dans la position la plus gênante qu'on puisse imaginer, et m'attendant à me voir arraché, à chaque instant, de ma retraite. Enfin je crus toucher à ma délivrance ; les deux factionnaires regardaient défiler un régiment ; j'écartai doucement les pièces de ma prison de bois, et j'allais m'élancer derrière une échoppe voisine, lorsqu'un coup de canon retentit dans l'Arsenal : C'était le signal de mon évasion. Aussitôt je vis un grand mouvement de gendarmes et de gardes-chiourmes; j'entendis prononcer mon nom, ou du moins je crus l'entendre; il me sembla que les yeux de tous les argousins se fixaient sur ma retraite ; les chefs donnaient des ordres ; les limiers écrivaient mon signalement sous leur dictée ; les uns sortaient en secouant la tête d'un air de menace ; d'autres s'enfonçaient dans l'Arsenal dans l'espoir de m'y relancer, au cas que je n'en fusse pas sorti. Une journée se passa encore ; la fièvre qui me brûlait m'avait au moins rendu service, j'avais perdu l'appétit ; mais la soif me dévorait, et j'entendais avec rage le bruit de la fontaine voisine qui coulait à pleins bords, et formait un large ruisseau à six pas de moi. Le sommeil de la nuit me donna quelques forces ; à l'aube je souffris d'un froid aigu ; ma langue s'était collée à mon palais ; mon gosier et mon cerveau brûlaient à m'ôter la raison. A tout prix, je voulus me délivrer d'un état plus terrible que le premier. N'usant d'aucune précaution, et m'abandonnant au hasard, je me levai, et mon apparition fit pousser un cri à une cantinière qui sortait de l'échoppe de bois. Au nom de Dieu, lui dis-je, taisez-vous. Je ne sais ce qu'elle me répondit, car elle parlait la langue du pays, mais je compris à ses gestes, et à l'expression de pitié de son regard, qu'elle me prenait sous sa protection. En me versant un verre-d'eau-vie, elle me fit signe de sortir. Personne ne m'avait vu, c'était un vrai miracle. Je pris la tournure d'un matelot provençal, balancement d'épaules et tête inclinée sur le côté : un factionnaire me regarda fixement ; je devais être horrible de pâleur : il pensa de moi ce qu'il voulut ; j'étais dans une rue, ivre de joie et de ma liberté.

Toulon m'était inconnu. Il eût été imprudent de demander mon chemin à quelque passant, et même de montrer de l'embarras dans le choix des rues. Je pris à gauche à tout hasard, et je me trouvai sur une vaste place couronnée de beaux arbres, avec un grand hôtel au milieu. Je traversai cette place, j'entrai dans une rue longue et droite, en suivant toujours de préférence les paysans et les vendeuses de légumes, dans l'espoir qu'ils me guideraient vers quelque porte, et je ne me trompai pas : je débouchai sur une petite place, d'où je découvris un pont-levis et les remparts. Il y avait foule sous le guichet : en deux minutes je fus dans la campagne.

Il était dix heures. La chaleur était étouffante, et la poussière blanche qui tourbillonnait sur la grande route m'ôtait la vue et la respiration. Je n'avais pas le sou, j'étais malade, et, malgré cela, je me trouvais plus heureux qu'un roi. Au bout d'une heure de marche j'aperçus un village au bas d'une colline; je jugeai à propos de l'éviter et de prendre à travers champs. Pour atteindre une chaîne de montagnes, qui me servait de but, je traversai une petite plaine semée de mûriers blancs; c'est là que je fis mon premier repas depuis trois jours d'un jeûne forcé; je me rassasiai des fruits de ces arbres, et je bus au ruisseau, ce qui doubla ma fièvre une heure après. N'importe, j'étais libre.

Je ne parvins, qu'à la nuit au sommet de cette chaîne de montagnes; une ruine de fortification me prêta son abri. Avant le jour je me remis en route, toujours indifférent sur la direction de mon voyage : l'essentiel pour moi était de m'éloigner de Toulon, et de m'écarter des sentiers battus. Dans ce chemin que je me frayais par les montagnes, je ne rencontrai que quelques pâtres déguenillés, plus malheureux que moi, qui n'avaient rien à m'offrir. Pour me soutenir, je mangeai des feuilles d'arbres, et des raisins verts. Si quelquefois je me présentais à la porte d'une masure pour demander du pain, on me repoussait avec des injures et des cris : il est vrai que mon extérieur n'était pas rassurant; mais le peuple de ces campagnes n'est guère hospitalier.

Ma chaussure tombait en lambeaux; déjà même je me déchirais la plante des pieds et les orteils contre les ronces, et les rochers aigus ; une longue trace de sang aurait pu indiquer ma piste à ceux qui auraient pu me poursuivre de ce côté. Le septième jour de marche je me trouvai barré dans mon chemin par une large rivière très-impétueuse ; c'était la Durance : là je reconnus la route que j'avais suivie avec la chaîne ; je conjecturai que je n'étais pas éloigné du village de Saint-Andiol, et que je ne tarderais point de tomber sur le pont de bois jeté sur la Durance, où il y a des gardes, et un bureau de péage.

Il fallait éviter ce pont : je descendis, par les campagnes, la rive gauche de la rivière, en cherchant un gué ; alors mon intention était de suivre la route de Paris, d'entrer dans Lyon de nuit, et de me placer comme ouvrier dans quelque manufacture où j'aurais gagné facilement mon pain.

Ce projet me fit du bien : il me fallait marcher long-temps et péniblement encore ; souffrir la faim, perdre le peu de chair qui restait aux os de mes pieds, mais l'espoir était au bout ; mon courage ne m'attendait pas. Sept heures du soir sonnaient à Saint-Andiol, le temps était beau, et le vent de la rivière éteignait la chaleur du jour ; je venais de manger des figues vertes et des raisins aigres, et de panser mes blessures avec mon dernier lambeau de chemise ; la rivière coulait devant moi en deux bras peu profonds, séparés par une île de gravier ; j'entrai dans l'eau et j'atteignis l'île sans peine. En tournant la tête pour comparer la largeur des deux lits, je frisonnai d'horreur : cinq gendarmes me regardaient, appuyées sur les poignées de leurs sabres ; au même instant, j'entendis le galop de plusieurs chevaux sur le pont, et trois autres archers se montrèrent en face de moi, de l'autre côté de l'eau. Je me précipitai dans la rivière de désespoir ; mais il n'y avait pas de fonds : ma figure se meurtrit contre le gravier ; en me relevant tout étourdi de ma chute j'avais déjà les menottes aux mains.

De retour dans cet enfer, un argousin me demanda sérieusement pourquoi je m'étais échappé. — Pour être libre, lui répondis-je ; et je subis vingt coups de bâton : on donna cent francs aux gendarmes qui m'avaient pris. Eh bien ! monsieur, mon histoire vous a sans doute consolé ; n'est-ce pas ? »

« Pauvre jeune homme ! lui dis-je ;

et quel espoir vous reste-t-il aujourd'hui?

— L'espoir de m'évader encore : puis-je me résigner à vingt-cinq ans, vigoureux comme je suis ?

— Ne parlez pas si haut, imprudent.

Bah! je le leur ai dit en face; qu'ils dressent leurs batteries, je vais préparer les miennes, c'est au plus fin : et vous, camarade, pardon, monsieur, de la familiarité, et vous, votre parti est-il pris?

— Moi? on connaîtra bientôt ma détermination.

— Ah! je crois que vous êtes pour le suicide, vous ; c'est un parti comme un autre ; mais je ne le prendrai qu'après m'être échappé trois fois : je ne veux point avoir de regrets.

— Et trois fois encore vous subirez tous les tourments réservés à une évasion : fièvre d'attente, marches forcées, privations mortelles, châtiments honteux ; non, je ne crois pas la vie chose assez précieuse pour qu'on puisse la conserver à ce prix.

Ma vie ne m'est rien, mais ma liberté est tout ; je veux avoir ma liberté, la perdre, la reprendre encore ; ma faute, très-sévèrement punie, n'attache point de rougeur à mon front. J'aime le travail, je veux rentrer dans la société, et vivre mon temps d'homme libre. Quand tout espoir sera perdu, je me casserai la tête contre ce cadenas.

Et il se tut pour avaler une eau grasse dans laquelle trempaient quelques morceaux de biscuits de mer : c'était son repas du soir.

Nuit d'Insomnie.

La fantasque arabesque.

(*Bacriade.*)

Il dort tranquille, lui ! rien ne donne du calme à une ame forte, comme une énergique résolution, comme un projet irrévocablement conclu de marcher sur un but sans détourner la tête, et ce n'est ni dans des livres ni dans des raisonnements qu'il a puisé cette indomptable fermeté, elle est chez lui de nature et d'instinct ; pauvre jeune homme ! d'autres temps, d'autres occasions, ce serait un héros ; aux yeux des sages ce n'est aujourd'hui qu'un énergique brigand.

Je voudrais me retremper à ce voisinage ; mais il paraît que la force morale n'est pas contagieuse : quand les nerfs sont affaiblis, la vigueur de tête s'émousse ; mon ame est lasse comme mon corps. Un profond dégoût de la vie s'est emparé de moi ; c'est le seul sentiment que j'éprouve. La sueur de la fièvre coule sur mes bras nus et sur mes tempes ; mes souvenirs, mes idées d'amour, de liberté, de religion, de morale, me reviennent sans excitation ; je les accueille et les abandonne avec la même indifférence, je suis de glace à tout.

Au moins, ces jours derniers, je m'étais fait une perspective agréable de liberté: j'avais un but prochain à atteindre; toutes mes combinaisons de réussite, tous mes plans d'évasion me tenaient en haleine; je marchais, étourdi par les incidents et par l'intérêt de la situation, vers le dénouement du drame dont j'étais le premier acteur. Aujourd'hui, je n'ai pas même la mort à ma disposition pour me consoler; il me faut subir les heures, le poids de ces heures de bagne, de ces heures sans fin que notre cruelle horloge sonne sur un air de gaieté. Pourquoi mettre des horloges dans les bagnes? est-ce dans la loi, par hasard? Pourquoi torturer des malheureux, en leur étalant un cadran largement divisé, avec des aiguilles sans mouvement visible? Les heures ne sont inventées que pour les hommes vertueux qui travaillent pour vivre ou qui vivent pour jouir ; il faut de l'ordre dans les plaisirs et dans les travaux. Mais ici, de quel prix est le temps ? c'est la chose qu'on voudrait prodiguer, et on nous le divise par compartiments, comme si nous voulions en être économes. Démolissez cette tour odieuse, puissants galériens, on ne vous fusillera peut-être pas pour cette insurrection ! Qui sait !... Camille est bien loin, bien loin ; on violente sa volonté ; n'est-elle pas libre d'élire domicile où bon lui semble, à Toulon ou ailleurs ? Pauvre fille ! qui la protégera maintenant ? Ah ! n'y pensons plus ; ne pensons plus aux gens du dehors. Mon Dieu, qui me donnera de l'égoïsme ! il y en a tant en circulation aujourd'hui, ne puis-je pas en avoir mon contingent?.... Un coup sonne à cette maudite horloge, un seul coup; c'est le moment le plus amphibologique de la nuit : est-ce minuit et demi? une heure? une heure et demie? Voilà ce qu'on devrait expliquer par supplément aux gens éveillés, quand on prend la peine de leur dire l'heure qu'ils ne demandent pas; c'est le moment aussi où toutes les créatures dorment, où le temps passe sur elles à leur insu, où elles vieillissent sans vivre. Il y a bien aussi dans les bois tièdes de là-bas quelques bouches ardentes qui se cherchent pour s'unir, quelques duos de spasme irritant sur les feuilles sèches et résineuses des grands pins. C'est la saison où l'on aime à dormir le jour, quand la cigale chante sur les pâles oliviers, quand le soleil jette une poussière d'étincelles, quand le ruban de la grande route brûle les yeux du pauvre piéton: alors on se roule nu sur les coussins du sopha d'Orient; la brise joue sur les fontaines, et se glisse fraîche entre les persiennes du salon, et arrondit comme une voile de brick le rideau de mousseline: que le sommeil est doux alors! doux et si léger qu'on entend la voix des jeunes femmes qui folâtrent sous les acacias. Mais la nuit, on veille, on attend qu'une robe blanche passe avec un soupir sur le sentier connu; on s'asseoit sur le thym; on regarde les sept étoiles du charriot, Orion et sa massue nébuleuse, et l'immobile étoile du Nord; cela fait mieux penser à la femme attendue, et charme l'impatience du désir. Quand elle tombe, toute dorée de cheveux, comme une apparition, dans les grands bleds jaunes, mêlés de rouges renoncules, on n'a plus assez de force pour se lever, assez de souffle pour dire, viens: on ne parle qu'après, après, quand on revoit confusément à travers des larmes, Orion et le charriot, les grands bleds et la cime noire des pins. La douleur veille aussi, la douleur d'une mère surtout! Pauvre mère! elle pense à son fils; pensée éternelle, sans intervalles de distraction! Sa chambre doit lui sembler tendu de noir, car la veilleuse est près de s'éteindre; la servante dort, elle n'a point d'enfant aux galères. Le silence de la nuit est horrible à l'oreille d'une mère souffrante qui veille; mon portrait est devant ses yeux, blond et riant comme aux fêtes de ma jeunesse. Pourquoi n'a-t-on pas brûlé cette trompeuse image qui ment à l'avenir? C'est moi qui l'ai peint ce tableau, il y a quinze ans au moins ; mon heureuse mère inspectait mon travail, appuyée sur le dossier de mon fauteuil, et elle m'embrassait en riant. Quel crime a-t-elle commis pour être ainsi torturée par son fils? qu'on m'explique cela; qu'on me l'explique! Oh! il n'en faut pas douter! une autre vie est au-delà de la mort, vie de réparation pour les injustices souffertes : si cela n'était pas, il n'y aurait point de Dieu. Et toujours, toujours entendre de ma cabine les râles prolongés et sourds de ces milliers de misérables qui dorment : harmonie d'enfer! Pas un d'eux ne veille, ils ont travaillé quinze heures! on aurait du sommeil à moins. Quel étrange recueil ne ferait-on pas des six mille rêves qui étouffent leurs poitrines en ce moment ! j'aime mienx entendre le son léger des petites vagues qui se brisent contre la carcasse verte de ma prison; elles ont mis bien des années à venir du cap de Horn ici, dix siècles peut-être; mais elles étaient insoucieuses du temps et de l'espace, et les voilà sous mes pieds ; et moi, être penseur, je m'inquiète de mes quelques jours de vie esclave ; ils passeront aussi rapides qu'un demi-siècle de vie heureuse : quand le terme est arrivé, l'ennui du voyage s'oublie, on ne voit que les douceurs du port. Que Toulon est beau la nuit, quand la lune se lève sur cette montagne grisâtre taillée à pic comme un gigantesque rempart ! Les eaux de la rade secouent des teintes scintillantes, les angles du fort Lamalgue sont écartelés de lumière et d'obscurité, la cime des pins s'argente comme une chevelure, les mâts du port, à demi-cachés dans une vapeur confuse, rappellent ces tableaux de marine flamande, toujours voilés d'un brouillard ; le vaste arsénal, avec son architecture fantastique, ses larges blocs, informes, équarris, ciselés, couchés sur le sable, ses monuments ébauchés, ressemble à quelque Palmyre moderne qui n'attend qu'une population. Bizarre organisation ! une de mes idées chasse l'autre, comme la vague pousse la vague ; je suis léger à la douleur, comme au plaisir ; je ne puis attacher à rien une réflexion assidue et forte, comme ceux qui se dessèchent sous le poids d'une pensée unique, ou qui perdent la raison en raisonnant sans fin sur le même objet. Est-ce un bien ou un mal ? S'il faut que je me tue un jour, il me faudra saisir au vol la minute de bonne inspiration ; l'arme m'échapperait des mains au moindre rayon de soleil qui viendrait jouer sur ma vitre, au moindre nuage qui teindrait de gris les eaux vives dc ce bassin. Que d'agonies cela me promet ! Ah ! je n'étais fait ni pour le crime, ni pour le bagne, pourtant je suis criminel et galérien ; et c'est une destinée sans appel. Voyez, voyez, qu'ils sont heureux ces mariniers levés avec l'aube ! gais pêcheurs à bonnets rouges, aux larges bas de laine grise, qui regardent la lune, et croisent l'antenne sur le mât de leur bâteau ; ils chantent avant le jour comme l'alouette ; ils voguent au large, et c'est pour eux que la mer exhale ses premiers parfums d'algue verte et de coquillages. Je voudrais être marin et faire mon quart à cette heure, au large, par une petite brise du nord-ouest, dans la Méditerranée ; sur un brick léger comme un alcyon, avec ses mâts obliques et son corsage délié. J'aimerais à me dire, en me promenant sur le pont : Bientôt je verrai à l'horizon le Vésuve, et le soleil levé sur le Pausilippe, Misène et Ischia ; nous entrerons dans le port à pleines voiles en saluant le fort Saint-Elme ; ce soir, je serai à Saint-Charles, dans une loge, avec des femmes brunes et vives, qui ont compris la vie du midi. Musique enivrante, chants célestes, danses lascives, spectacles de féerie, peuple enthousiaste, langue de Sybarites, amoureuses Napolitaines coiffées des roses de Pœstum ; voilà, voilà ce que la nature a placé sur ce rivage pour le marinier qui descend avec ses rêves de femmes, de musique et de promenades sur le gazon.

Encore cette maudite horloge! on dirait qu'elle triple sa voix dans la nuit, comme un fantôme placé là tout exprès pour ramener aux galères ma vagabonde imagination. Assez, assez, grâce de ta réplique! à quoi me sert ce luxe d'avertissement? tais-toi. Ah! elle n'a pas parlé sans fruit. J'entends les gardes qui se réveillent en jurant, par forme de prières du matin : les chaînes retentissent dans les chiourmes. Je ne veux pas voir ces pâles figures sortir de leur enfer. O Dieu, pitié pour moi, qu'un peu de sommeil me rafraîchisse sur mon grabat de paille ; donne-moi des rêves de rose, ce sera toujours autant d'arraché au malheur ; que l'illusion me console un instant de la sombre réalité !

NOTES

ET ÉCLAIRCISSEMENS.

Page 20. — Ollioules.

Ollioules, qui doit son nom aux bois d'oliviers qui la couronnent, est une petite ville à une lieue de Toulon; sa position est ravissante; c'est le sol et le climat d'Hyères; on y arrive par une avenue de jardins baignés d'eau vive, et semés de jasmins et d'orangers. Ce délicieux paysage frappe d'autant plus, qu'il se révèle soudainement à l'issue d'un défilé horrible, Thermopyle de la Provence.

Page 20. — Salvator Rosa.

C'est *la grande bataille*, un des trois tableaux de Salvator-Rosa, que possède le musée de Paris. Lady Morgan, dans son histoire de ce grand peintre, ne parle pas de cette admirable composition, bien supérieure aux tableaux du même genre et du même peintre, qu'on trouve dans les cabinets de la Grande-Bretagne.

Page 28. — Le maire de C***.

L'histoire du maire de C*** fit dans le temps beaucoup de bruit. C'est un des hommes malheureux les plus résignés à leur sort qu'on puisse voir. Il reçoit les visiteurs avec la politesse et les formes aisées de l'homme du monde, et rien n'est plus étrange à voir que cette décence de manières et cette grâce d'urbanité sous la veste rouge du galérien. L'auteur de ces notes eut avec lui la conversation suivante, l'an dernier, au mois de juin : « On m'a dit, monsieur, que vous vendiez des cocos ciselés ; je serais bien aise de vous en acheter un.

— Monsieur, donnez-vous la peine d'entrer ; je suis fâché de ne pas avoir de chaises à vous offrir : on n'a pas ici toutes ses petites commodités... Mettez votre chapeau, monsieur, je vous en prie ; l'air du port est vif. Vous voudriez de mes cocos ; ma foi, je suis au désespoir d'être au dépourvu ; voilà bientôt six mois que je ne tourne plus ; je m'étais fait une petite réputation en ce genre. Tenez, examinez celui-ci ; c'est mon dernier, et je le garde. Voyez le fini du travail ; ces arabesques sont copiées d'un dessin d'Herculanum, que j'ai dans mon porte-feuille. Soit dit sans amour-propre, personne de la communauté ne travaille le coco dans cette perfection.

— Et pourquoi avez-vous renoncé à ce travail ?

— Bah ! que voulez-vous ? Je suis accablé d'affaires ; ma correspondance avec le grand chancelier me prend mes journées en plein ; il faut avoir une tête de fer pour supporter la besogne. Voyez ces liasses de manuscrits ; jetez un coup d'œil seulement ; ce ne sont là que les brouillons, les minutes ; il faut transcrire le tout ensuite sur grand vélin : jugez.

— Vous avez sans doute bon espoir, après tant de lettres écrites ?

— Oh ! mon affaire est sûre maintenant ; je n'attends plus qu'une pièce, et mon innocence est à jour : ça été une distraction du jury; voilà tout. Il n'y a pas aujourd'hui, dans le pays, un petit enfant qui ne dise : « M. de*** a été victimé par ses ennemis; il est blanc comme neige. » On a un regret mortel d'avoir précipité la chose; enfin, on réparera tout. J'ai des amis qui m'ont servi chaudement; j'ai encore quelque crédit au château, Polignac me veut du bien : mon affaire est en bon train. Voici ce que m'écrit M. ***, un pair de France, le nom n'y fait rien, un homme de cour qui parle au roi tous les dimanches; si je vous le nommais, vous ne connaîtriez que çà.... Voici :

Paris, le.... etc.

« Mon cher, etc., etc., etc.,

» J'ai mis vos dernières pièces sous les » yeux du grand chancelier; il en a été

» frappé. Duc, m'a-t-il dit... (ce pair de
» France est duc...) duc, m'a-t-il dit, est-
» ce que notre siècle aurait son Calas ?
» Le mot est profond, comme vous voyez,
» et doit vous donner plus que de l'es-
» poir. Votre malheur fait toujours ici
» l'entretien des hauts salons ; c'est in-
» croyable l'intérêt qu'on vous porte. Un
» peu de patience ; tout s'éclaircira. Si
» vous avez besoin de moi pour autre
» chose, ne me ménagez pas. Tout à
» vous, etc., etc., etc. »

— Vous voyez à quel point d'intimité j'en suis avec ces messieurs ; si vous aviez le temps, je vous montrerais trente autres lettres toutes plus chaudes encore, avec des offres de service à n'en plus finir. Tenez...

— Oh ! monsieur, je vous crois sur parole ; il n'y a d'ailleurs qu'à vous voir...

— Oh ! je sais que la France me rend justice ; c'est une consolation : je suis accablé de marques d'intérêt.

— Il me semble, pardon si je me trompe, il me semble que vous êtes venu ici par commutation ?

— Mais, dame ! oui ; ils m'avaient condamné à mort. Oh ! ils ne s'étaient pas plus gêné que ça ; à mort ! vous concevez bien que cette sentence me fit rire sous cape. Je dis en sortant du tribunal au gendarme : « Ah ! quelle bévue ils viennent de faire là ! » Le gendarme, qui était un bon enfant, haussa les épaules de pitié. Jugez dans quels cas mes ennemis se fourraient, si je m'étais laissé exécuter comme un oison ; mes héritiers auraient été furieux ; tandis qu'à présent, comme vous avez vu, tout doit s'arranger à l'amiable.

— Allons, tant mieux! tant mieux! Je vous en félicite; et comment trouvez-vous la vie du... de... la vie d'ici?

— Mais assez gentiment; on ne peut pas se plaindre; je reçois quelques visites. Le *payol* * de Saint-Mandrier vient me voir; c'est un digne jeune homme, un galant homme, auteur; il écrit : nous faisons un cent de piquet; nous causons spectacles, littérature, la petite gaudriole; tout ça fait passer le temps. Et puis, voyez; la vue est fort belle d'ici; pardon, approchez-vous de la croisée; prenez garde de fouler mes capucines; voyez, c'est un tableau fort animé, un vrai panorama; on ne voit rien de mieux chez M. Daguerre, au Château-d'eau. Voilà la porte de l'Arsenal, c'est un passage continuel comme sur les boulevards;

* On appelle *payol* un forçat qui tient les registres de la chiourme.

voilà la corderie... Avez-vous vu la corderie? Ah! c'est un monument! Derrière, vous distinguez les arbres du *champ de bataille*, promenade superbe! seulement le soleil m'incommode un peu, ma chambre est exposée au levant; j'ai commandé une petite persienne, ça me garantira : j'ai pour principe de prendre mes aises partout.

— C'est sagement pensé. Aussi votre santé paraît excellente.

— Dieu merci, je me porte bien.

— Cela fait l'éloge de la nourriture qu'on prend ici.

— Oh! je ne touche pas à l'ordinaire de la communauté : nous avons ici, en-dessous, un restaurant bien organisé; le potage y est fort bon; pour 5 sous j'achète une portion de bœuf, je l'arrose d'excellent vinaigre, je le garnis de persil, c'est un baume à la poitrine; j'appelle ce plat une *persiliade*. Il y a aussi un assortiment de légumes, des patates frites à l'huile, qui sont un manger de dieux, et pas cher; on dîne copieusement pour ses 10 sous, à se rassasier, comme chez Follet, au Palais-Royal, pour 2 fr. Des gens très-comme il faut, là, de la ville, des étrangers, viennent quelquefois me demander à déjeûner par plaisir; et le vin! oh! excellent! un petit vin de coteau, un peu capiteux, c'est de la pelure d'oignon; 6 sous le litre, pas plus. Le maître-d'hôtel est un galant homme qui fait son métier pour obliger les détenus; il ne gagne pas cent pistoles par an. Mais si vous voulez prendre la peine de vous asseoir sur mon lit de sangle, on va me servir à dîner dans l'instant.

— Je vous remercie; j'ai déjà trop prolongé ma visite, il faut que je parte; excusez mon indiscrétion.

— Oh! monsieur, c'est bien de l'honneur; je suis fâché de ne pouvoir vous accompagner jusqu'à la porte; prenez bien garde en descendant l'échelle, la rampe est goudronnée de frais. Monsieur, je suis votre humble serviteur; je vous fais mes civilités. »

Page 35. — Cet arsenal est une merveille.

Cet arsenal, si justement célèbre, doit ses monuments gigantesques aux misérables qui l'habitent; de sorte qu'à chaque pas un sentiment pénible se lie à l'admiration. Qu'il a fallu de mains criminelles et flétries, de générations de galériens, pour élever ces dômes, ces voûtes, ces arcades, assises sur leur base, avec cette large solidité qui semble défier tous les moyens humains de destruction. N'y a-t-il donc que les esclaves qui puissent faire de l'architecture éternelle? et quel prix encore coûte cette main-d'œuvre? quelques onces de légumes aux juifs du Colisée; quelques oignons aux juifs des Pyramides; quelques fêves aux chrétiens de Toulon! avec cela on bâtit pour l'éternité.

Page 37. — Saint-Mandrier.

On donne ce nom à la partie du rivage qu'on découvre de l'autre côté de la rade en sortant du port de Toulon. Là les forçats ont bâti une hôpital magnifique, qui de loin ressemble à un vaste palais; en avant de l'hôpital, même sur le bord de la mer, s'élève une belle chapelle couronnée de colonnes, comme le dôme du Panthéon. Ces édifices sont d'une blancheur éblouissante au coucher du soleil.

Même page. — Les ruines jaunâtres du Petit-Gibraltar.

Les Anglais, maîtres de Toulon en 1793, élevèrent sur la rade une grande redoute si bien fortifiée, et dans une position si heureuse qu'ils la nommèrent le Petit-Gibraltar. « Voilà Toulon, dit Bonaparte en montrant ce point important ; c'est là qu'il faut marcher ! »

C'était une idée de génie.

Page 49. — Le massacre.

Cette insurrection des forçats éclata sur la rive du port opposée à l'arsenal, au pied de la colline où s'élève le fort Lamalgue. Les troupes arrivèrent de la ville au pas de charge et exécutèrent des feux de pelotons contre les masses des insurgés. Il y eut des tués et des blessés, puis tout rentra dans l'ordre.

Page 74. — Voilà Gravier.

L'infortuné Gravier, condamné à mort *pour avoir fabriqué un pétard dont l'explosion, si elle avait eu lieu, aurait pu occasionner l'avortement de la duchesse de Berry*. Cet atroce jugement fut modifié, et la clémence royale commua la peine en travaux forcés à perpétuité.

L'auteur de ces notes a eu fréquemment de longs entretiens avec Gravier, à bord du bagne flottant où il traînait une existence de désespoir. Gravier lisait habituellement Rousseau, parce que, disait-il, *cette lecture ne consolait pas*. C'était un homme de beaucoup d'esprit, et d'une organisation nerveuse, qualités qui centuplent le malheur. Au bout de quelques années il s'est laissé mourir de chagrin.

Page 122. — Deux coups de canon ont retenti.

Il y a quelques années, quand un forçat s'évadait du bagne on tirait le canon d'alarme. A ce signal, les gendarmes se mettaient en campagne, et ils ne tardaient pas d'arrêter le fugitif. On leur payait cet exploit cent francs. On ne tire plus le canon aujourd'hui pour signaler une évasion.

FIN DU PREMIER VOLUME.

www.ingramcontent.com/pod-product-compliance
Lightning Source LLC
LaVergne TN
LVHW050534100826
845148LV00002B/554

* 9 7 8 2 0 1 2 1 9 9 2 0 0 *